EDITION
OSHO

Die Texte für dieses Buch sind ausgesuchte Transkripte aus verschiedenen Diskurs-Serien, die Osho vor einer internationalen Zuhörerschaft gehalten hat. Alle Osho Diskurse sind als Originale publiziert worden und als Original-Audios erhältlich. Audios und das vollständige Text-Archiv finden Sie unter der online Bibliothek „Osho Library" bei www.osho.com

Erstausgabe 2009

Umschlaggestaltung: Silke Watermeier, www.watermeier.net

Coverfoto: www.sxc.hu, Billy Alexander

Zusammengestellt und übersetzt von Pratito Inge Kieffer

Copyright © 2009 Osho International Foundation, Schweiz

www.osho.com

Copyright © 2009 Innenwelt Verlag GmbH, Köln

www.innenwelt-verlag.de

Alle Rechte vorbehalten

OSHO is a registered trademark of Osho International Foundation, Switzerland, used under license

Druck: Westermann Druck Zwickau GmbH, Zwickau

Printed in Germany

ISBN 978-3-936360-98-1

OSHO

EIN NEUES BEWUSSTSEIN FÜR DIESE ERDE

TEXTE UND MEDITATIONEN

Der neue Mensch wird seine Religion
in der Natur finden –
nicht vor toten Statuen,
sondern in lebendigen Bäumen,
die im Wind tanzen.

Er wird seine Religion finden,
wenn er auf den Wellen des Meeres gleitet
oder einen unberührten Berg besteigt.
Im Schnee, unter dem Mond und den Sternen
wird er Andacht empfinden.
Er ist in Zwiesprache mit der Existenz,
so, wie sie ist.
Er lebt nicht in abstrakten Vorstellungen,
sondern in der Wirklichkeit.
Er lässt sich ganz auf die Natur ein
und erfährt dabei das,
was über die Natur hinausgeht.

In dieser Erde, in diesem Körper
ist das Göttliche verborgen.
Dieser Körper ist der Buddha
und diese Erde ist das Paradies.

Inhalt

1.	Vom Tun zum Sein	9
2.	Flügel des Wissens – Flügel der Liebe	27
3.	Das Ego ist die Schranke	45
4.	Zum Ursprung der Lebendigkeit	61
5.	Machtkampf oder eine Liebesgeschichte mit der Existenz	77
6.	Im Einklang mit der Natur und mit dir selbst	99
7.	Meditation – die Brücke zwischen dir und dem Universum	110
8.	Alleinsein – die Freude, einfach nur zu sein	137
9.	Folge deiner eigenen Natur	147
10.	Ankommen – der Tautropfen und der Ozean	161

Die Existenz ist ein Fest.
Sie ist kein Geschäft,
sie ist ein Freudenfest, ein Tanz.
Sie ist Gesang, sie ist Liebe.
Sie dient keinem Zweck.
Sie ist nicht Mittel zu einem anderen Zweck.
Sie ist sich selbst genug.

1. Vom Tun zum Sein

DAS WICHTIGSTE, WAS MAN IM LEBEN LERNEN MUSS, IST, DASS DIE Existenz für uns sorgt, dass wir keine Waisen sind. Wir brauchen uns keine Sorgen um uns zu machen, die Existenz ist nicht teilnahmslos, sie ist voller Liebe, voller Liebe für alles, das aus ihr entspringt. Die Existenz ist ein mütterliches Phänomen. Sie ist eine Matrix, eine Mutter. Auf unzählige Weise wird für uns gesorgt, doch all diese Hände sind unsichtbar. Sie sind nicht greifbar, du kannst sie nicht sehen, du kannst sie nur fühlen. Und wenn man nicht sehr feinfühlig ist, entgehen sie einem ständig. Es sind die Hände des Göttlichen. Für mich ist das Göttliche nicht von der Existenz getrennt, es ist nur ein anderer Name für Existenz, für Natur.

Wenn wir das einmal verstanden haben, entsteht ein großes Vertrauen. Dann sind wir keine Fremden, und es gibt keine Möglichkeit der Entfremdung. Dann sind wir nicht zufällig, wir sind ein wesentlicher Bestandteil des Ganzen. Die Existenz braucht dich so, wie du bist. Du erfüllst eine sehr wertvolle Aufgabe im Leben, im Wachstum des Ganzen, in der Evolution; du bist nicht bedeutungslos. In jedem Augenblick deines Lebens erfüllst du einen Sinn – wissentlich oder unwissentlich, das ist eine andere Sache. Wenn du es weißt, wirst du unendlich glücklich sein, wenn du es nicht weißt, wirst du dich bedrückt fühlen. Aber ob du es weißt oder nicht, du dienst einem größeren Sinn.

Der moderne Mensch fühlt sich sehr entfremdet, sinnlos, weil das Göttliche aus seinem Horizont verschwunden ist. Der moderne Mensch fühlt sich entfremdet, bedeutungslos, denn

Sinn entsteht erst, wenn du dich auf etwas beziehst, das größer ist als du, das höher ist als du. Sinn braucht einen Zusammenhang. Solange du nicht Teil von etwas Größerem bist, kannst du keinen Sinn empfinden. Ein einzelnes Wort ist sinnlos; doch als Teil eines Gedichtes hat es einen Sinn. Das einzelne Gedicht mag sinnlos sein, doch als Teil eines Epos hat es große Bedeutung.

Sinn entsteht aus einem Zusammenhang, und der moderne Mensch hat jeden Zusammenhang verloren. Er scheint einfach isoliert zu sein, eine Insel, ohne jede Beziehung zum ganzen Dasein. Dadurch ist großes Elend entstanden. Die Menschen verlieren immer mehr den Lebenswillen. Das Leben kommt ihnen derart sinnlos vor, dass der Tod als eine Art Zuflucht, als Entspannung erscheint. Zum ersten Mal in der Geschichte der Menschheit ist das Leben so sinnlos geworden. Wir haben es dazu gemacht. Wir haben die Fähigkeit verloren zu vertrauen, zu lieben. Wir sind nicht mehr feinfühlig genug, um das Unendliche um uns herum wahrzunehmen.

Wir haben vergessen, wie man eine Beziehung zum Ganzen hat, wie man eine Beziehung zu den Bäumen, den Flüssen, den Wolken, zum Mond zur Sonne und zu den Menschen hat. Wir haben sogar vergessen, wie wir eine Beziehung zu uns selbst haben können, zu unserem eigenen Körper, unserem eigenen Verstand – sogar zu unserem eigenen Selbst! Wir leben beziehungslos, daher die Sinnlosigkeit, daher die Traurigkeit, die diese ganze Menschheit umgibt – eine Dunkelheit, als sei der Mensch dem Untergang geweiht. Mein Anliegen ist, dir einen Einblick in den größeren Zusammenhang der Existenz zu geben. Du bist eine winzige Welle, aber du bist vom gewaltigen Ozean des Ganzen umgeben. Du bist sein Fluss. Doch auch wenn du nur ein Tropfen bist – ohne dich wäre der Ozean weniger. Der Ozean ist nichts anderes als Millionen und Abermillionen von

Tropfen. Du trägst etwas zur Existenz bei. Dieses Wissen, dass du von der Existenz gebraucht wirst, gibt dir Wurzeln.

Das Leben muss von dir Besitz ergreifen

Das moderne Denken ist ganz und gar auf Tun ausgerichtet. Alles, was man tun kann, kann der moderne Mensch besser und effizienter tun als je ein Mensch zuvor. Wir sind das effizienteste Jahrhundert; wir haben aus allem eine Technologie gemacht – eine Frage des Know-how. Wir haben nur eine einzige Dimension entwickelt, die Dimension des Tuns. Doch während wir diese Dimension entwickelt haben, ist uns viel verloren gegangen.

Wir haben gelernt, Dinge zu tun und haben darüber das Sein verloren. Alles, was man tun kann, können wir besser als jede andere Gesellschaft, die es auf der Erde gegeben hat. Doch was Liebe angeht, da wird es schwierig, denn Liebe kann man nicht tun. Und so geht es uns nicht nur mit der Liebe. Wir sind zu allem unfähig geworden, das man nicht tun kann.

Zum Beispiel Meditation: dazu sind wir nicht mehr fähig; man kann sie nicht tun. Oder Spielen: dazu sind wir nicht mehr fähig; man kann es nicht tun. Oder Freude, oder Glück: wir sind unfähig dazu, weil man sie nicht tun kann. Das sind keine Tätigkeiten; du kannst sie nicht manipulieren. Im Gegenteil, du musst dich selbst loslassen. Wenn du dich loslässt, dann erfährst du Freude, dann erfährst du Glück, dann bist du offen für Liebe, dann ergreift sie von dir Besitz.

Doch dieses Besitzergreifen macht uns Angst.

Der moderne Mensch, der moderne Verstand will alles beherrschen und sich von nichts beherrschen lassen. Der moderne

Mensch will über alles Herr sein, aber man kann nur über Dinge Herr sein, nicht über Geschehnisse. Du kannst Herr über dein Haus sein, über ein mechanisches Gerät, aber du kannst nicht über etwas Lebendiges Herr sein. Das Leben lässt sich nicht beherrschen; du kannst es nicht besitzen. Im Gegenteil, es muss von dir Besitz ergreifen. Nur dann bist du mit dem Leben verbunden.

Liebe ist Leben und sie ist größer als du. Du kannst sie nicht besitzen. Ich möchte wiederholen: Liebe ist größer als du, du kannst sie nicht besitzen. Du kannst nur zulassen, dass sie von dir Besitz ergreift; sie entzieht sich jeder Kontrolle. Das moderne Ego will alles kontrollieren und alles, was du nicht kontrollieren kannst, macht dir Angst. Du fürchtest dich, du verschließt die Tür. Du klammerst diese Dimension vollständig aus, weil sie mit Angst verbunden ist. Du hast keine Kontrolle darüber. Über die Liebe hast du keine Kontrolle, und der ganze Trend geht in diesem Jahrhundert dahin, wie man Kontrolle gewinnt. Auf der ganzen Welt, und besonders im Westen, geht der Trend dahin, wie man Kontrolle über die Natur gewinnt, über die Energien, über alles.

Der Mensch will alles beherrschen – und er beherrscht alles –, jedenfalls das, was sich beherrschen lässt, aber gleichzeitig hat er eine Unfähigkeit für alles entwickelt, was sich nicht beherrschen lässt. Geld kannst du besitzen, aber nicht Liebe.

Aus diesem Grund haben wir aus allem eine Sache gemacht. Selbst Menschen machst du zu einer Sache, weil du sie dann besitzen kannst. Wenn du einen Menschen liebst, beherrschst du ihn nicht, keiner beherrscht den anderen. Zwei Menschen lieben einander und keiner herrscht – weder der Liebende noch der Geliebte. Vielmehr herrscht die Liebe und beide sind von einer Macht besessen, die größer ist als sie selbst – umgeben von einer größeren Macht, von einem Wirbelsturm. Wenn sie versuchen, sich gegenseitig zu besitzen, werden sie alles verpassen. Dann können sie zwar den anderen besitzen, aber der Liebende wird zum Ehemann und die Geliebte wird zur Ehefrau. Sie können sich einander besitzen, aber ein Ehemann ist eine Sache, und eine Ehefrau ist eine Sache. Sie sind keine Personen. Du kannst sie besitzen; aber sie sind tote Wesen, mit einem Stempel vom Amt versehen – nicht lebendig.

Um Menschen besitzen zu können, machen wir sie zu Dingen und dann sind wir frustriert, denn wir wollten den lebendigen Menschen besitzen, und das geht nicht. Sieh dir diesen Widerspruch an: Nur Menschen können dich erfüllen, niemals Dinge. Doch dein Verstand verlangt nach Besitz, also machst du sie zu Dingen. Aber so kannst du keine Erfüllung finden und die Frustration beginnt …

Wenn das Herzzentrum nicht wieder lebendig wird, wird der Mensch nicht fähig sein zu lieben. Und das ganze Elend des modernen Lebens besteht darin, dass der Mensch, solange er nicht liebt, keinen Sinn im Leben finden kann. Das Leben erscheint sinnlos. Liebe gibt dem Leben Sinn, Liebe ist der einzige Sinn. Solange du nicht fähig bist zu lieben, wirst du dir sinnlos vorkommen, und du wirst das Gefühl haben, dass dein Leben keine Bedeutung hat, dass es nichtig ist. Nur noch zu existieren ist unerträglich. Das Leben muss eine Bedeutung haben; ansonsten – wozu das alles? Warum unnötig weiterleben? Warum jeden Tag das gleiche Muster wiederholen? Morgens aufstehen und die gleichen Dinge tun, abends einschlafen und am nächsten Tag wieder das gleiche Spiel. Wozu? Bisher hast du es so gemacht und was hat es gebracht? Du wirst so weitermachen, bis der Tod dich von deinem Körper erlöst. Wozu also das Ganze? Liebe gibt dem Leben Sinn. Nicht, dass die Liebe zu irgendeinem Ergebnis, irgendeinem Ziel führte – nein! Durch die Liebe wird jeder Augenblick in sich selbst wertvoll. Wenn jemand fragt, was der Sinn des Lebens ist, kannst du sicher sein, dass ihm Liebe fehlt. Wenn jemand nach dem Sinn des Lebens fragt, dann deshalb, weil er keine Liebe erfährt, durch die er aufblüht. Ein Mensch, der liebt, fragt nie nach dem Sinn des Lebens. Er kennt den Sinn; er braucht nicht danach zu fragen. Er kennt den Sinn! Der Sinn ist da: Liebe ist der Sinn des Lebens.

Mit dem Strom der Existenz gehen

Es gibt zwei Arten zu leben, zu sein. Die eine Art ist mit Anstrengung verbunden, mit Willen, mit dem Ego; die andere Art ist frei von Anstrengung, ohne Kampf, es ist ein Loslassen, ein Entspannen mit der Existenz.

Alle Religionen dieser Welt haben den ersten Weg gelehrt, das Kämpfen – kämpfe gegen die Natur, kämpfe gegen das Weltliche, kämpfe gegen deinen Körper, kämpfe gegen den Verstand. Nur dann kannst du zur höchsten, ewigen Wahrheit gelangen. Aber wir haben genug Beweise, dass dieser Machtwille, dieser Weg des Egos, all das Kämpfen und Kriegführen vollständig versagt haben. In Millionen von Jahren haben nur ganz wenige Menschen die höchste Erfahrung des Lebens erlangt, so wenige, dass sie nicht die Regel bestätigen, sondern nur die Ausnahme.

Ich lehre euch die zweite Art: Geht nicht gegen den Strom der Existenz an, sondern fließt mit ihm; er ist nicht euer Feind. Das wäre so, als würde jemand versuchen, stromaufwärts zu schwimmen, gegen den Fluss anzukämpfen – er wird bald müde werden und nichts ist erreicht. Der Fluss ist so riesig, und er ist nur ein kleiner Teil davon. In diesem unermesslich großen Universum bist du kleiner als ein Atom. Wie willst du da gegen das Ganze angehen? Allein die Idee ist nicht intelligent.

Schließlich hat das Ganze dich hervorgebracht – wie könnte es dein Feind sein? Die Natur ist deine Mutter, sie kann unmöglich gegen dich sein. Dein Körper ist dein Leben, er kann dir nicht feindlich gesinnt sein. Er dient dir, selbst wenn du ständig gegen ihn kämpfst. Er dient dir, wenn du wach bist; er dient dir, wenn du schläfst. Wer atmet denn, während du in tiefem Schlaf liegst und schnarchst? Der Körper hat seine eigene Weisheit. Er atmet weiter, das Herz schlägt weiter. Der Körper funktioniert immer weiter – auch ohne dich. Ja, er funktioniert sogar besser, wenn du dich nicht einmischst. Deine Anwesenheit wirkt sich nur störend aus, weil dein Verstand von Leuten konditioniert wurde, die dir beigebracht haben, gegen den Körper zu sein.

Ich lehre dich Freundschaft mit der Existenz. Ich möchte nicht, dass du die Welt ablehnst, denn es ist unsere Welt. Nichts, von allem, was existiert, ist gegen dich. Du brauchst nur eins zu lernen: die Kunst zu leben. Nicht die Kunst zu entsagen, sondern die Kunst zu genießen. Es geht nur darum, diese Kunst zu lernen, dann kannst du Gift in Nektar verwandeln. Auf vielen Arzneien steht „Gift" geschrieben; aber in den Händen eines Experten wird Gift zum Heilmittel. Dann tötet es dich nicht, sondern rettet dich.

Wenn du irgendwie das Gefühl hast, dass dein Körper, die Natur, die Welt gegen dich sind, dann erinnere dich: Es muss an deiner Unwissenheit liegen, an deiner falschen Einstellung. Es muss daran liegen, dass du die Kunst zu leben nicht gelernt hast. Dir ist nicht klar, dass die Existenz unmöglich gegen dich sein kann. Sie hat dich hervorgebracht, du lebst in ihr, sie hat dir alles gegeben, aber du bist nicht einmal dankbar dafür. Im Gegenteil, alle Religionen haben dich gelehrt, die Natur von vornherein zu verachten. Sie haben dir die Freude am Leben verdorben. Sie haben alles vergiftet, was dieses Leben schön macht. Sie haben eine traurige Menschheit hervorgebracht. Ich wünsche mir, dass die Menschen voller Liebe, voller Gesang und voller Tanz sind. Ich möchte, dass du klar verstehst: meine Art zu leben ist die zweite. Und damit meine ich: Kämpfe nicht gegen den Strom, schwimm nicht stromaufwärts – das wäre dumm. Du kannst nicht gegen die Strömung der Natur angehen – sie ist zu gewaltig und zu stark.

Fließe einfach mit dem Fluss mit. Das nenne ich Vertrauen, dem Leben zu vertrauen, dass es dich, egal wo es dich hinführt, immer auf den richtigen Weg und ans richtige Ziel bringt. Das Leben ist nicht dein Feind. Vertraue der Natur, wo immer sie dich hinführt, da ist dein Zuhause.

Wenn die Menschen lernen würden, sich zu entspannen anstatt zu kämpfen, wenn sie lernten loszulassen, statt sich so sehr anzustrengen, gäbe es eine große Veränderung des Bewusstseins. Es gäbe mehr entspannte Menschen, die gelassen und still mit dem Strom des Lebens mitfließen, ohne einen eigenen Zweck zu verfolgen, ohne Ego. In diesem entspannten Fließen kann man kein Ego haben. Das Ego lebt von Anstrengung: Man muss etwas tun. Das Ego lebt vom Tun, und wer sich treiben lässt, gelangt zum Nicht-Tun. In diesem Nicht-Tun wirst du dich wundern, wie deine Ängste und deine Sorgen von dir abfallen und wie du plötzlich mit allem, was die Existenz dir gibt, zufrieden bist.

Dein Sein entdecken

Das Leben muss zu einer Suche werden – kein Verlangen, sondern ein Suchen. Kein ehrgeiziges Streben, dies oder jenes zu werden, der Präsident, oder Premierminister eines Landes, sondern eine Suche, um herauszufinden: „Wer bin ich?"

Es ist merkwürdig, dass Menschen, die nicht wissen, wer sie

sind, sich bemühen, jemand zu werden. Sie wissen nicht einmal, wer sie im Augenblick sind. Sie sind mit ihrem eigenen Sein nicht vertraut, aber sie wollen unbedingt etwas werden.

Das Werden ist eine Krankheit der Seele. Das Sein – das bist du. Und dein Sein zu entdecken, ist der Anfang des Lebens. Dann wird jeder Augenblick zu einer neuen Entdeckung, jeder Augenblick bringt neue Freude; ein neues Geheimnis öffnet seine Türen, eine neue Liebe erwacht in dir, ein neues Mitgefühl, das du noch nie zuvor gespürt hast, eine neue Sensibilität für die Schönheit und für das Gute.

Du wirst so sensibel, dass der kleinste Grashalm eine große Bedeutung für dich bekommt. Deine Sensibilität zeigt dir, dass dieser kleine Grashalm für die Existenz genauso wichtig ist wie der größte Stern. Ohne diesen Grashalm wäre die Existenz ärmer. Der Grashalm ist einzigartig, er ist unersetzlich, er hat seine eigene Individualität. Und diese Sensibilität wird dir neue Freundschaften erschließen – Freundschaft mit Bäumen, mit Tieren, mit Bergen, mit Flüssen, mit Ozeanen, mit Sternen. Im gleichen Maße wie deine Liebe wächst, wie deine Freundschaft wächst, wird auch dein Leben reicher.

Es gibt eine schöne Begebenheit im Leben des heiligen Franziskus. Franziskus liegt im Sterben. Er war immer auf einem Esel von Ort zu Ort gezogen, um andere daran teilhaben zu lassen, was er erfahren hatte. Alle seine Schüler hatten sich versammelt, um seinen letzten Worten zu lauschen. Die letzten Worte eines solchen Mannes sind immer die bedeutsamsten, denn sie fassen die Erfahrung seines ganzen Lebens zusammen. Doch die Schüler trauten ihren Ohren nicht ...

Franziskus wandte sich nicht an seine Schüler, sondern an seinen Esel. Er sagte: „Bruder, ich stehe sehr in deiner Schuld. Du hast mich von einem Ort zum anderen getragen ohne zu klagen, ohne je zu murren. Bevor ich diese Welt verlasse, habe ich nur noch einen Wunsch: Verzeih mir! Ich bin nicht menschlich zu dir gewesen."

Das waren seine letzten Worte. Eine ungeheure Einfühlung spricht daraus, den Esel mit „Bruder Esel" anzureden und ihn um Verzeihung zu bitten.

Je feinfühliger du wirst, desto größer wird das Leben. Es hört auf, ein kleiner Teich zu sein und wird zum Ozean. Es ist nicht auf dich, deine Frau und deine Kinder begrenzt – es ist überhaupt nicht begrenzt. Diese ganze Existenz wird deine Familie. Und erst wenn die ganze Existenz deine Familie geworden ist, weißt du, was das Leben ist – denn kein Mensch ist eine Insel, wir sind alle miteinander verbunden. Wir sind ein riesiger Kontinent und auf millionenfache Weise miteinander verbunden. Und wenn unser Herz nicht voller Liebe für das Ganze ist, bleibt unser Leben begrenzt.

Meditation wird dir Sensibilität schenken, ein starkes Gefühl, der ganzen Welt anzugehören. Es ist unsere Welt, es sind unsere Sterne – wir sind keine Fremden hier. Wir gehören unserem innersten Wesen nach zur Existenz; wir sind ein Teil von ihr, wir sind ihr Herzschlag.

Vollkommen in der Unvollkommenheit

Das Leben ist eine Reise. Es ist eine Pilgerreise nach Nirgendwo. Von Nirgendwo nach Nirgendwo. Und zwischen diesen beiden liegt das Hier. Um dich in dein Hiersein zu entspannen, bedarf es keiner bestimmten Methode, denn wenn deine Einstellung zum Leben zweckorientiert ist, kannst du zwar versuchen, dich zu entspannen und es mag dir sogar gelingen, aber du hast jetzt eine neue Anspannung in dein Leben gebracht. Du musst dauernd auf der Hut sein, dass du entspannt bleibst. Du musst dich ständig bemühen, entspannt zu bleiben. Deine Energien können nicht frei fließen. Du wirst immer ängstlich sein, denn wenn du die Methode vergisst, überfällt dich sofort wieder die alte Gewohnheit. Und diese Gewohnheit ist ständig da, denn sie ist in deiner Lebensphilosophie verwurzelt. Man hat dir beigebracht, ein Leistungsmensch zu sein. Erreiche etwas!

Ein Mensch, der meditiert, ist von Natur aus langsamer. Nicht, weil er sich darum bemüht, langsamer zu werden, sondern weil er nirgendwo hingehen muss. Es gibt nichts zu erreichen, es gibt nichts zu werden; das Werden hat aufgehört. Wenn Werden aufhört, ist Sein da. Und Sein ist entspannt, es ist nicht aggressiv, es ist gemächlich. Dann kannst du jeden einzelnen Augenblick mit vollem Bewusstsein in dich aufnehmen, du kannst ganz in der Gegenwart sein. Ansonsten bist du so in Eile, dass du gar nicht hinschaust, was vor dir ist. Deine Augen sind auf ein weit entferntes Ziel gerichtet.

Der größte Zwang, unter dem die Menschheit leidet, ist „das, was sein sollte". Es ist eine Art von Wahnsinn. Dem gesunden Menschen ist egal, was sein sollte. Ihm geht es einzig und allein um das Unmittelbare, um das, was ist. Und du wirst überrascht sein: Wenn du dich auf das Unmittelbare einlässt, wirst du finden, dass das Höchste darin enthalten ist. Wenn du dich mit dem Nahegelegenen befasst, wirst du alle fernen Sterne darin finden. Wenn du im jetzigen Augenblick bist, liegt die ganze Ewigkeit in deinen Händen. Wenn du dein Sein kennst, stellt sich die Frage nach dem Werden nicht. Alles, was du dir nur vorstellen konntest zu werden, das bist du bereits.

Ihr seid Götter, die vergessen haben, wer sie sind. Ihr seid Kaiser, die eingeschlafen sind und träumen, sie seien Bettler. Jetzt versuchen diese Bettler, Kaiser zu werden – in ihren Träumen machen sie große Anstrengungen, um Kaiser zu werden, und dabei brauchten sie nur aufzuwachen! Und wenn ich aufwachen sage, wann könnt ihr aufwachen? In der Zukunft? In der Vergangenheit? Die Vergangenheit gibt es nicht mehr und die Zukunft noch nicht – wann könnt ihr aufwachen?

Du kannst nur jetzt aufwachen, und du kannst nur hier aufwachen. Dieser Augenblick ist der einzige, den es gibt. Dies ist die einzige Wirklichkeit, die es gibt und die einzige Wirklichkeit, die es je gegeben hat und je geben wird. Ändere deine leistungsorientierte Einstellung. Entspanne dich in dein Sein. Strebe nicht nach Idealen, versuche nicht, etwas aus dir zu machen, was du nicht bist, versuche nicht, Gott zu übertreffen. Du bist vollkommen, so, wie du bist – mitsamt deinen Unvollkommenheiten bist du vollkommen. Wenn du unvollkommen bist, so bist du vollkommen unvollkommen – doch Vollkommenheit ist da. Wenn du das einmal verstanden hast, wo ist dann die Hast? Wo ist die Sorge? Du hast dich bereits entspannt. Dann ist das Leben ein Morgenspaziergang nirgendwohin. Du kannst jeden Baum genießen, jeden Sonnenstrahl, jeden Vogel und jeden Menschen, der vorübergeht.

Entspannung bedeutet, es gibt kein „ich sollte" für dich. Du lebst einfach von Augenblick zu Augenblick, nicht nach einer Idee, wie du in der Zukunft sein solltest, sondern in deiner Realität hier und jetzt. Hier und jetzt mit der Realität zu leben, bedeutet gesund zu sein. Nach einer Vorstellung zu leben, bedeutet verstört zu sein. Wegen dieser Leute mit ihren perfekten Ideen ist die ganze Welt fast zu einem Irrenhaus geworden. Perfektionismus ist eine Art von Wahnsinn; nur Verrückte versuchen, perfekt zu sein. Gesunde Menschen geben sich keine Mühe Perfektionisten zu sein. Gesunde Menschen sind bescheiden. Sie kennen ihre Grenzen. Sie erstreben nicht das Unmögliche, sondern genießen das Mögliche. Und während sie das Mögliche genießen, stoßen sie eines Tages zufällig auch auf das Unmögliche. Mit der Zeit wird ihre Freude immer größer, von Moment zu Moment sind sie glücklich. Sie sind mit den einfachen Dingen des Lebens glücklich und verlangen nicht nach großen Dingen um glücklich zu sein – nach dem Paradies, nach Gott, nach *Nirvana*. Einfache Dinge sind genug: mit deinem Kind spielen, deine Frau lieben, deine Mahlzeit essen, ein Bad nehmen oder einen Morgenspaziergang machen, das ist mehr als genug. Einfach nur am Strand entlang zu laufen ist mehr als genug. Was brauchst du mehr, um glücklich zu sein? Die Berührung mit dem kühlen Sand, die warmen Sonnenstrahlen, die auf dich scheinen, das wilde Rauschen des Meeres um dich herum … was brauchst du mehr, um glücklich zu sein? Mit einem Kind zu spielen, das Lachen des Kindes … was brauchst du mehr, um glücklich zu sein?

Der zweckorientierte Weg ist ein Egotrip. Das Ego will immer perfekt sein. Und das Ziel ist unerreichbar. Es ist fast wie die Suche eines blinden Mannes: ein blinder Mann, der im Dunkeln umhertastet, ein blinder Mann, der ohne Licht im Dunkeln nach einer schwarzen Katze tastet, die es nicht gibt.

Die Zukunft gibt es noch nicht. Die Existenz hat kein Ziel. Lass diese Tatsache tief in dich einsinken. Die Existenz hat kein Ziel, sie bewegt sich nicht auf eine Bestimmung zu. Es gibt gar keine Bestimmung, keinen Zweck, es ist reine Freude. Es ist kein Business; es ist ein Spiel. Aber du kannst nicht einmal spielen ohne deinen Business-Verstand.

Vor kurzem kam ein junger Mann zu mir. Er war sehr angespannt und sein Gesicht verriet eine starke Zielstrebigkeit. Ich fragte ihn: „Spielst du irgendwelche Spiele?" Er sagte: „Ja, ich mag Spiele. Ich kenne viele Spiele. Ich spiele Schach." Ich fragte ihn: „Was passiert, wenn du nicht gewinnst?" Er sagte: „Dann bin ich sehr frustriert und kann gar nicht schlafen. Ich fühle mich nur gut, wenn ich gewinne." Selbst im Spiel – du weißt, es ist nur ein Spiel, nur eine Scheinwelt – selbst im Spiel wirst du angespannt, wenn du nicht gewinnst. Du musst der Sieger sein, sogar im Spiel.

Wenn du einem solchen Mensch erzählst, dass du bei einem Kricketspiel warst, wird er fragen: „Wer war der Sieger?" Er wird nicht danach fragen, ob die Spieler Freude hatten, ob es ein schönes Spiel war. Nein, er wird fragen: „Wer hat gewonnen?" So ein Mensch ist daneben. Wenn du einem Mensch begegnest, der sich wirklich freuen kann, wird er fragen: „Haben die Spieler Spaß gehabt?"

Wenn du Schach spielst und dich daran erfreust, ist es unwichtig, wer gewinnt und wer verliert, denn das ist zweitrangig, das ist nicht der Sinn des Spiels. Der Sinn ist, Freude daran zu haben. Nicht das Ziel ist der Sinn, sondern der Weg. Wenn du den Weg genießen kannst, die Bäume und die Vögel, die am Weg singen, was kümmert dich dann das Ziel? Die Existenz hat überhaupt kein Ziel. Es geht nur um den Weg.

Die Zielorientierung treibt uns in den Wahnsinn. Lass diese Vorstellung fallen, dann wirst du plötzlich merken, wie du vor Gesundheit explodierst. Du lachst wieder. Du tanzt wieder. Du singst wieder. Du fängst wieder an zu spielen, du bist religiös geworden. Das ist wirkliche Religion: wenn du wieder tanzen kannst, wenn du wieder liebst, wenn deine Lebensenergie wieder fließt und nicht länger vertrocknet ist. Sie fließt wieder und du kannst andere daran teilhaben lassen.

Wir gehen nirgendwohin. Wir sind hier! Wir sind seit aller Ewigkeit hier gewesen und wir werden für alle Ewigkeit hier sein. Jetzt liegt es an dir, ob du dich am Leben freust oder nicht freust. Wir sind hier und wir werden immer hier sein. Es gibt keine Möglichkeit, davor wegzulaufen. Jetzt hast du die Wahl, ob du es genießen willst oder lieber irgendeinem fernen Ziel nachtrauerst.

Der zielorientierte Mensch verpasst alles Schöne im Leben. Er kann das Ziel nicht erreichen, weil es gar kein Ziel gibt, und unterdessen verpasst er alles. Hast du es beobachtet? Manchmal eilst du in die Stadt, in dein Geschäft, in dein Büro. Es ist dieselbe Straße, auf der du manchmal deinen Morgenspaziergang machst oder manchmal nachts im Mondschein dahin schlenderst – dieselbe Straße, dieselben Bäume. Doch wenn du ins Büro gehst, hast du ein Ziel vor Augen. Dann siehst du nicht das Laub und hörst den Vögeln nicht zu. Du interessierst dich nicht für den Weg, sondern nur für das Ziel. Du willst den Weg nur hinter dich bringen, je schneller, desto besser. Du möchtest nicht zu Fuß ins Büro gehen, du nimmst das Auto oder den Bus.

Und wenn es der Wissenschaft eines Tages gelingen sollte, den Menschen zu materialisieren und zu entmaterialisieren, dann wirst du einfach zuhause in einer Maschine stehen, dich dort entmaterialisieren und in deinem Büro wieder materialisieren. Dann ist der Weg ganz überflüssig. Eines Tages wird das möglich sein, dann braucht man nicht mehr zu gehen. Dann kannst du unmittelbar von einem Ort zum andern einen Quantensprung, einen Quantensatz machen. Zwischendrin wird es dich nicht geben. Nur die Geschwindigkeit zählt, denn der Weg interessiert dich nicht.

Doch wenn du deinen Morgenspaziergang machst, hat der gleiche Weg eine völlig andere Qualität. Du genießt ihn. Du genießt jedes Lüftchen, das durch die Bäume weht und jeden Vogel, der da fliegt. Du genießt ihn, weil du kein Ziel hast; du gehst einfach nur spazieren. Es ist spielerisch. Du kannst jederzeit umkehren. Du verfolgst keinen Zweck. Du bist locker, du bist entspannt. Da ist Freude, da ist Poesie, und du singst ein Lied.

Sei der Existenz so oft wie möglich nahe

Umarme den Baum, unter dem du sitzt, spüre ihn und verschmelze mit ihm. Lass die Energien eins werden. Wenn du im Wasser schwimmst, schließ die Augen und fühle, wie du im Wasser zerfließt. Werde eins mit ihm. Finde Möglichkeiten, dich zu entspannen und mit etwas eins zu werden. Je mehr du deine Energie mit einer anderen vereinst, egal welche Form sie hat – es kann eine Katze sein, ein Hund, ein Baum, ein Mann oder eine Frau – desto mehr bist du zuhause. Wenn sich dieses Gefühl einmal eingestellt hat, wenn du den Kniff einmal raus hast, wirst du dich wundern, wie viel du im Leben verpasst hast. Jeder Baum, an dem du vorbeigegangen bist, hätte dir eine große orgastische Erfahrung geben können. Ein Sonnenuntergang, ein Sonnenaufgang, der Mond, die Wolken am Himmel, das Gras auf der Erde – all das hätte jedes Mal eine ekstatische Erfahrung werden können. Wenn du im Gras liegst, spüre, wie du mit der Erde eins wirst. Schmilz in die Erde, lass dich von der Erde durchdringen. Lass es zu einer Meditation werden.

Finde das Einsein

Die Existenz hat zehntausend Türen, und sie ist von überall her erreichbar. Doch du kannst sie nur in einem Zustand des Einsseins erreichen. So kommt es manchmal vor, dass Liebende in einem tiefen Orgasmus Meditation erfahren. Das ist einer der Wege, zum Einssein zu gelangen, doch es ist nur ein Weg; es gibt Millionen von Wegen. Wenn man danach sucht, kann man endlos viele finden.

Wissen hat seine nützlichen Seiten,
es ist nicht vollkommen nutzlos.
Aber wenn du nach innen gehst,
erweist es sich immer mehr als nutzlos.
Je tiefer du gehst,
desto nutzloser wird es.
Wenn du nach außen gehst,
je weiter du in die Welt gehst,
desto nützlicher wird es.
Was in der äußeren Welt nützlich ist,
wird für die innere Welt zum Hindernis.
Wissen ist eine Brücke zur Welt und
eine Blockade auf der Reise nach innen.

2. Flügel des Wissens – Flügel der Liebe

WISSEN WIRD AUF DEM MARKTPLATZ, IM GESCHÄFTSLEBEN, IN DER Politik benötigt. Überall wird Wissen benötigt – in der Technik, in der Wissenschaft – überall braucht man Wissen. Wissen ist sehr nützlich, sehr zweckmäßig; Weisheit ist absolut unnütz, doch das ist ihre Schönheit. Sie ist keine Ware. Man kann sie zu nichts benutzen; man kann sie nicht kaufen, man kann sie nicht verkaufen. Weisheit gehört nicht zur Welt der Nützlichkeit, Weisheit blüht einfach auf.

Welchen Nutzen hat eine blühende Rose? Welchen Nutzen hat das Lied eines Vogels? Was nützen sie? Wenn du die Existenz anschaust – die Sterne, die Wolken, die Berge, die Flüsse – welchen Nutzen haben sie? Sie sind alle unnütz. Warum sind die Schmetterlinge so schön? Warum sind ihre Flügel mit so viel Sorgfalt bemalt? Wozu das alles?

Denke daran: Die äußere Welt ist die Welt der Nützlichkeit; die innere Welt ist die Welt der Bedeutsamkeit. Die äußere Welt liegt in einer ganz anderen Dimension – dort wird Wissen gebraucht. Du brauchst Brot, du brauchst Butter, du brauchst ein Haus, du brauchst Arznei, du brauchst Kleidung, Schutz – tausenderlei Dinge. Aber die innere Welt ist einfach ein Luxus; sie ist keine Notwendigkeit, sie ist Freude. Sie ist eine reine Freude.

Wenn dich jemand fragt: „Wozu nützt Liebe?", lässt sich diese Frage nicht beantworten, weil sie nach dem Zweck fragt. Liebe ist keine Ware; die Welt kann ohne Liebe weiter bestehen, sie tut es bereits. Alles funktioniert perfekt. Eigentlich kommst es nur zu Störungen, wenn Liebe im Spiel ist. Daher ist jede Gesellschaft gegen Liebe. Die Welt funktioniert bestens ohne Musiker. Wer braucht schon Musiker? Sie sind nicht fähig, einen Zug zu führen, ein Flugzeug zu steuern, sie sind unzuverlässige Leute.

Ich bin viel in Indien gereist. Einer meiner Freunde, er ist gerade vor ein paar Monaten gestorben, liebte das Reisen. Ich nahm möglichst die schnellen Züge, weil ich das ganze Land durchqueren musste, doch er fuhr gerne mit Bummelzügen, die an jedem Bahnhof, an jeder kleinen Station anhielten. Eine Reise von zehn Stunden konnte so vier oder fünf Tage dauern, manchmal sogar sieben Tage. Und immer wenn er mich begleitete, bestand er darauf ... Einmal willigte ich ein und es war wirklich eine Freude, denn er kannte sich aus: Wo es den besten Tee gab, die sauberste Milch, wo man gute Süßigkeiten bekam, gute Äpfel und gute Mangos ...

In diesen fünf Tagen, die wir zusammen reisten, vergaß ich total, wo wir hinwollten – es war kein Bedürfnis mehr da, irgendwo anzukommen. Und jeder kannte ihn – die Gepäckträger, die Stationsvorsteher, die Lokführer – denn er reiste immer mit diesen kleinen Zügen. Und an jeder Station hielt der Zug eine Stunde, eine halbe Stunde, zwei Stunden.

Ein kleiner Bahnhof lag an einem wirklich wunderschönen Ort. Der Bahnsteig war von einem Mangohain umgeben, von Hunderten von Mangobäumen. Er ging mit mir aus dem Bahnhof heraus und fing an, auf einen Baum zu klettern. Ich fragte: „Was machst du da?" Er sagte: „Die Mangos sind reif." Ich fragte: „Und wenn der Zug abfährt?" Er meinte: „Mach dir keine Sorgen. Komm mit." Also ging ich mit, aber ich mahnte ihn ständig: „Es ist Zeit, sonst fährt der Zug ab."

Doch er sagte: „Keine Sorge. Siehst du den Mann da oben?"

Über uns im Baum saß ein Mann. Er sagte: „Das ist der Lokführer. Solange er nicht runterkommt, kann der Zug nicht abfahren." Ich genoss diesen Augenblick!

Man kann sein Leben entweder am Nutzen orientieren oder man kann es spielerisch leben. Musik, Liebe, Blumen, Sterne, Poesie, Malerei, Tanz – all das gehört zur inneren Welt. Ich bin nicht gegen das Wissen; wenn du in der Welt etwas ausrichten willst, gebrauche dein Wissen. Dort Weisheit einzusetzen wäre dumm. Beim Autofahren zu meditieren, wäre gefährlich. Dort musst du deine ganze Fähigkeit, dein ganzes Wissen, dein ganzes Know-how anwenden; doch du solltest nicht darauf beschränkt sein. Du solltest nicht davon besessen sein, du solltest auch nach innen gehen können. Wenn die Arbeit getan ist, solltest du deine Türen zur äußeren Welt schließen können und dich wieder nach innen wenden. Dann tanze, singe, meditiere, liebe, lebe. Man sollte flexibel und flüssig bleiben.

Ich sage dir nicht, du sollst der Welt entsagen, denn du sollst dein Wissen jederzeit einsetzen können. Wenn du in einer Höhle im Himalaja sitzt, brauchst du dein Wissen nicht einzusetzen. Aber die äußere Welt ist genauso schön wie die innere Welt – wenn wir beide zugleich haben können, warum auf eine verzichten?

Meine ganze Botschaft lautet: Wenn du den Kuchen essen und ihn gleichzeitig behalten kannst, warum sich dann nur mit der Hälfte zufrieden geben? Wissen ist in der äußeren Welt nützlich, in der inneren Welt ist es ein Hindernis. Und dasselbe gilt für die innere Weisheit: Im Innern bringt sie immense Freude, aber versuche nicht, sie in der Außenwelt einzusetzen.

Wir brauchen einen neuen Menschen, der beide Flügel hat: Den Flügel des Wissens, der Wissenschaft, der Technik und den Flügel der Meditation, der Erleuchtung, der Liebe, der Freiheit.

Wenn beide Flügel in tiefer Synchronizität zusammenwirken, in einem engen Miteinander, in Gleichklang und Harmonie, dann ist der Mensch vollständig, heil und ganz.

Drei Wege, der Existenz zu begegnen

Man kann sich der Existenz auf dreierlei Weise nähern: man kann sie sehen, sie fühlen, sie sein. Das erste ist Wissenschaft, das zweite ist Kunst, das dritte ist Religion.

Die Wissenschaft betrachtet das Universum auf eine objektive Art und Weise. Sie betrachtet das Universum, als etwas dort draußen. Daher kommt sie zu dem Schluss, dass es nur Materie gibt und sonst nichts. Ihre eigene Methode setzt der Wissenschaft Grenzen; sie stellt eine starke Begrenzung dar. Mit einem objektiven Blick kann man nur die objektive Seite der Existenz erfassen und das ist die Materie. Materie ist die objektive Seite der Existenz.

Das Wort Objekt ist sehr bedeutsam, es bezeichnet das, was sich dir in den Weg stellt. Alles, was sich deinem Blick in den Weg stellt, ist ein Objekt. Deshalb ist die Wissenschaft der Welt gegenüber antagonistisch eingestellt, sie versucht, sie zu erobern, denn das Objekt ist der Gegner und muss erobert werden. Dieser wissenschaftliche Ansatz ist der Grund, warum der Mensch sich von der Natur entfremdet hat.

Der zweite Ansatz, der zweite Weg, ist die Kunst, die Ästhetik, die Poesie. Sie nähert sich der Existenz auf subjektive Weise. Der Kunst geht es nicht darum, was dort draußen ist, sondern was hier in deinem Innern ist. Es geht ihr nicht um die Rose selbst, sondern darum, wie du die Rose empfindest. Was geschieht in deinem Innern, wenn du eine Rose siehst? Wenn du einen Sonnenuntergang betrachtest, wie wird er in deinem Innern gespiegelt? Welches Echo kommt aus deinen Tiefen, wenn ein Kuckuck in der Ferne ruft?

Die Kunst beschäftigt sich mit deiner Antwort, deiner Reaktion – nicht mit dem, was man draußen sieht, sondern mit dem, was in deinem Innern geschieht. Die Kunst ist dem Zuhause näher als die Wissenschaft. Sie ist zwar noch nicht ganz angekommen, aber auf dem Weg dorthin, in der Mitte zwischen Wissenschaft und Religion. Die Kunst lässt dir mehr Freiheit als die Wissenschaft. Der Dichter hat mehr Freiheit als der Mathematiker. Dem Wissenschaftler stehen seine eigenen Objekte im Weg. Er kann nicht über die Materie hinausgehen, seine Welt wird durch die Materie definiert. Der Dichter aber kann sich in die Höhe schwingen, er kann darüber hinausgehen und seine eigene Welt erschaffen.

Die Wissenschaft entdeckt, die Kunst erschafft. Die Wissenschaft kann nur das entdecken, was es bereits gibt. Die Kunst erschafft, daher bringt sie dich dem Schöpfer näher. Wenn ich über Poesie spreche, meine ich damit die Essenz von Kunst. Poesie ist die Essenz von Kunst. Der Bildhauer erschafft Poesie in Stein. Der Musiker erschafft Poesie in Klängen, der Maler erschafft Poesie in Farben auf der Leinwand. Sie alle sind poetisch. Ihr Medium ist verschieden, ihre Ausdrucksformen sind verschieden, aber ihr Ansatz ist nicht Arithmetik, sondern Poesie.

Weil die Wissenschaft so dominant geworden ist, ist die Kunst fast verschwunden, sie hat die Lebendigkeit verloren, die sie in der Vergangenheit hatte. Alles wurde von der Wissenschaft vereinnahmt. Daher diese große Langeweile auf der Welt, denn wenn du nicht kreativ bist, empfindest du zwangsläufig Langeweile. Nur ein kreativer Mensch weiß, wie man die Langeweile loswird. Ja, ein kreativer Mensch kennt gar keine Langeweile. Er ist voller Begeisterung, er ist ein ständiger Abenteurer. Und kleine Dinge können ihn so ekstatisch machen ... Schon der Anblick eines Schmetterlings kann ihn tief bewegen. Schon eine kleine Blume genügt, um Frühling in sein Herz zu bringen. Ein stiller See, in dem sich die Sterne spiegeln, und der Dichter selbst wird zu einem stillen See und beginnt, Millionen von Sternen widerzuspiegeln.

Die Wissenschaft ist der Grund, warum es so viel Langeweile auf der Welt gibt. Erstens führt sie zu Isolation: Der Mensch ist nicht mehr Teil der Natur, er steht außerhalb, er wird zum reinen Zuschauer, er nimmt nicht mehr daran teil. Und wenn du nicht am Feiern teilnimmst, wenn du nicht am Tanz teilnimmst, bist du zwangsläufig gelangweilt. Indem du dich von der Existenz isolierst, indem du ihr feindlich gesonnen bist, sie zu erobern versuchst, tötest du ganz einfach dich selbst. Du verlierst die Lust, dir ist langweilig. Das Leben verliert seinen Sinn, nichts hat mehr eine Bedeutung. Es besteht nur noch aus Dingen ohne jede Bedeutung. Das Leben scheint nur etwas Zufälliges ohne innere Bedeutung zu sein. Ja, die Dinge haben einen Preis, aber aus der Sicht der Wissenschaft hat nichts einen inneren Wert.

Was die Poesie angeht, so sind die Dinge wertvoll, sie haben keinen Preis. Wie kannst du einer herrlichen Rose einen Preis geben? Unmöglich. Ihre Schönheit kann nicht gemessen werden, man kann ihr keinen Preis zuordnen. Ja, sie hat einen Wert ... Denke daran: Wert ist nicht gleichbedeutend mit Preis. Der Wert bestimmt sich aus deiner Bewunderung. Die Rose und den Stern, den Mond und die Sonne kann man nicht vermarkten. Du kannst sie nicht kaufen, du kannst sie nicht verkaufen. Du kannst dich an ihnen erfreuen, aber du kannst sie nicht besitzen.

Ein Preis bedeutet, dass du eine Sache besitzen kannst, dass du sie kaufen und verkaufen kannst; sie ist ein Gebrauchsgegenstand. Wert bedeutet, sie ist kein Gebrauchsgegenstand; es ist eine Erfahrung, es ist eine Form von Liebe.

Die Wissenschaft lebt von Logik, die Poesie lebt von Liebe. Poesie ist ein liebevolles Herangehen an die Existenz. Wissenschaft ist eine Art Vergewaltigung; Poesie ist eine Liebesgeschichte. Es kommt zwar bei einer Vergewaltigung zur gleichen Penetration wie in der Liebe, aber da ist so ein gewaltiger Unterschied; die Kluft ist unüberbrückbar. Du kannst eine Frau vergewaltigen, vielleicht wird sie sogar schwanger, aber du kannst dadurch nicht das Geheimnis der Frau ergründen. Du wirst die Freude der Liebe nicht erfahren. Und wenn du Vergewaltigung zu deinem Lebensstil machst, wird dir etwas ungeheuer Wertvolles entgehen. Dein Leben wird leer und hohl bleiben.

Poesie ist eine Liebesgeschichte mit der Existenz. Man muss die Existenz überreden, verlocken – nicht erobern, sondern lieben. Liebe versucht nie zu erobern; im Gegenteil, Liebe gibt sich hin. Der Dichter ist dem Zuhause näher, weil er sich hingeben kann, weil er liebt, weil er subjektiv lebt. Er beginnt, aus seinem Zentrum heraus zu leben. Der Wissenschaftler lebt an der Oberfläche.

Ich habe eine tiefe Achtung vor der Poesie und vor Menschen mit einer poetischen Sichtweise, allen Arten von Poeten: Musikern, Bildhauern, Malern, Sängern, Tänzern, Schauspielern. Jeder, der auf irgendeine Weise kreativ ist, ist ein Poet. Poesie ist die Essenz aller Kunst. Doch es gibt noch einen weiteren Schritt.

Religion ist transzendental. Sie ist weder objektiv noch subjektiv, denn beides sind Hälften eines Ganzen. Die Wissenschaft hat eine Hälfte gewählt – das Äußere, das Objektive. Die Poesie hat die andere Hälfte gewählt – das Subjektive, das Innere. Aber beide sind nur halb und etwas Halbes kann nie Erfüllung bringen. Man braucht das Ganze, um ganz zu werden. Religion ist ganz. Sie ist weder objektiv noch subjektiv; sie ist transzendental.

Sie geht über beides hinaus und schließt beides ein. Sie umfasst beides und dennoch ist sie nicht begrenzt. Das ist der höchste Flug, zu dem das menschliche Bewusstsein fähig ist. Religion löst alle Dualitäten auf – und die Dualität von Subjektivität und Objektivität ist die fundamentale Dualität von Innen und Außen. In der Religion löst sich beides auf und es gibt nur ein einziges Phänomen. Das Innere ist außen und das Äußere ist innen; es gibt keine Abgrenzung, keinen Sprung. Das Innere wird jeden Moment zum Äußeren und das Äußere wird jeden Moment zum Inneren – genau wie der Atem. Eine Sekunde zuvor war er noch außen, jetzt ist er innen, und dann ist er wieder außen. Der Atem strömt hinein und strömt hinaus, strömt ein und aus. Und auf die gleiche Weise verschmilzt auch ständig die Existenz. Sie ist eine orgastische Einheit. Sie ist nicht zwei.

Der Wissenschaftler geht mit dem männlichen Verstand an die Realität heran. Es ist ein maskuliner Ansatz: Erobere die Natur. Und der Poet sieht die Wirklichkeit mit dem weiblichen Verstand: Gib dich hin, sei empfänglich, sei offen für die Realität, sei entspannt, gelöst. Religion ist weder männlich noch weiblich, sie ist einfach ein Beobachten von beidem. Der Wissenschaftler ist sehr weit weg von Religion, der Poet ist ihr näher.

Deshalb spreche ich manchmal über Poesie und den Poeten, denn ehe du die Dualität transzendieren kannst, musst du lernen, poetisch zu sein. Die Gesellschaft, die Schulen und Universitäten lehren Wissenschaft. Die Poesie fehlt. Niemand schenkt ihr Beachtung, weil sie keinen Marktwert hat. Von einer poetischen Sichtweise kann die Gesellschaft keinen Gebrauch machen, weil sie so persönlich ist. Du könntest sogar für die Gesellschaft zum Problem werden, weil du deine persönliche Sichtweise einbringst und die kann störend wirken.

Die Gesellschaft lebt mit dem Kollektiven; das Objekt ist

kollektiv. Die Rose als Objekt ist ein kollektives Phänomen, doch wenn du die Rose anschaust, begegnest du ihr auf deine persönliche, einzigartige Weise. Jemand anderes wird ihr auf seine persönliche Art gegenübertreten. Poesie ist persönlich, sie ist individuell, sie ist nicht kollektiv. Und die Gesellschaft muss immer auf der Hut sein, immer wachsam, damit keine persönlichen Sichtweisen unterstützt werden, die zerstörerisch wirken können, die Chaos bewirken können: Die Leuten müssen zur kollektiven Sichtweise gezwungen werden. Hinduismus, Kommunismus sind kollektive Sichtweisen. Zwinge allen etwas Kollektives auf, damit sie alle gleich aussehen und alle gleich leben; dann sind sie alle Konformisten.

Der Poet ist im Grunde genommen ein Rebell. Der wirkliche Poet muss zwangsläufig ein Revolutionär sein. Vincent van Gogh hat Bäume gemalt, die so hoch sind, dass sie über die Sterne hinausreichen. Jemand hat ihn gefragt: „Wir haben noch nie solche Bäume gesehen. Was sind das für Bäume und wieso können sie über die Sterne hinauswachsen?" Van Gogh soll geantwortet haben: „Es spielt keine Rolle, ob das irgendeinem Baum gelingt oder nicht. Was ich gemalt habe, ist das Verlangen des Baumes; das ist sein Bestreben, sein eigentlicher Geist, seine Sehnsucht. Jeder Baum sehnt sich danach, über die Sterne hinauszuwachsen. Ich habe es in den Bäumen gesehen, ich habe den Bäumen zugehört, ich habe sie beobachtet. Ich verstehe ihre Sprache – laut und deutlich kommt diese Botschaft von jedem Baum, vom Kleinsten bis zum Größten, dass sie über die Sterne hinauswachsen wollen. Ob es ihnen gelingt oder nicht – darauf kommt es nicht an, darum geht es mir nicht. Mir geht es um das innere Gefühl des Baumes."

Poetisch gesehen hat Vincent van Gogh recht, aber nicht wissenschaftlich gesehen. Vom wissenschaftlichen Standpunkt aus gesehen wirkt er absurd, aber vom poetischen Standpunkt aus hat er absolut recht. Er sagt: „Die Bäume sind nichts anderes als die Sehnsucht der Erde, die Sterne zu berühren, die Sehnsucht der Erde, die Entfernung zwischen sich und anderen Sternen zu überbrücken. Es mag gelingen oder nicht, darauf kommt es nicht an." Das ist Van Gogh nicht wichtig. Der Poet hat seine eigene Vision; sie ist persönlich, sie ist nicht kollektiv. Daher sind alle Menschen, die an Kollektivität glauben, gegen Poesie.

Plato, der erste Kollektivist der Welt, schreibt in seinem utopischen Buch „Die Republik", seinem Entwurf von einer Gesellschaft der Zukunft, dass es in seiner Republik keine Poeten geben soll. Jeder andere darf hinein, doch Poeten wird der Zugang verweigert; sie dürfen nicht in Platos Republik hinein. Warum nicht? Warum hat er solche Angst vor den Poeten? Einfach weil der Poet eine persönliche, individuelle Vision mit hinein bringt und Unruhe stiften kann. Plato will jedem ein bestimmtes Muster, den gleichen Lebensstil auferlegen. Er will eine gewaltsam etablierte Einheit, und Poeten sind in diesen Dingen nicht zuverlässig.

Es war kein Zufall, dass die Poesie nach der russischen Revolution gestorben ist. Vor der Revolution hatte Russland die größten Dichter und Erzähler hervorgebracht, die die Welt je gekannt hat – ganz unvergleichlich. Wer kann sich mit Leo Tolstoi, Maxim Gorki, Fjodor Dostojewski, Anton Tschechow, Turgenew messen? Wer kann sich mit diesen Giganten messen? Kein anderes Land hat solch große Künstler hervorgebracht. Wenn man von den größten Erzählern der Welt zehn auswählen müsste, dann wären fünf davon Russen – aber aus der vorrevolutionären Zeit.

Nach der Revolution brach die poetische Aktivität plötzlich ab. Das Land von Dostojewski und Tolstoi und Gorki und Turgenew verschwand einfach von der Erde. Es brachte diesen Menschentyp, diese menschliche Qualität einfach nicht mehr hervor; seine Höhenflüge hörten auf. Der Kommunismus wurde eingeführt, eine kollektive Vision wurde erzwungen. Jetzt musste jeder Dichter, jeder Maler dem Kommunismus dienen, jeder Sänger musste in seinen Liedern das Lob des Kommunismus singen. Jetzt entschied die Regierung, was wahre Literatur war, was wahre Kunst war und wer ein wahrer Dichter war. Einfältige Regierungsbeamte entschieden darüber, Leute die keine Ahnung von Poesie hatten. Hätten sie die geringste Ahnung von Poesie gehabt, wären sie erst gar nicht Regierungsbeamte geworden.

Stell dir einen Steuerbeamten, einen Gouverneur, einen Kommissar vor – denkst du vielleicht diese Leute sind zu poetischen Ideen fähig? Dazwischen liegen Welten. Können die Leute, die Marx und Engels und Lenin lesen, irgendeine Ahnung von Poesie haben? Marx hat einen so unpoetischen Stil, es ist derart ermüdend, ihn zu lesen. Ich habe diese Tortur durchgestanden, ich spreche also aus Erfahrung. Wer hat schon „Das Kapital" gelesen? Es ist so hässlich, es erfordert wirklich Mut, es durchzulesen. Eigentlich ist man schon nach zwei oder drei Seiten erledigt. Selbst die Kommunisten lesen es nicht! Ich weiß das, denn viele meiner Freunde sind Kommunisten und sie haben es nicht gelesen. Die reine Langweile – keine Spur von Poesie, keine Spur von Schönheit ist darin.

Jesus ist voller Poesie, Buddha ist voller Poesie, er ist gelebte Poesie. Marx hat nicht die geringste Poesie, nur trockene, fade Logik – und nicht einmal scharfe Logik. Leute, die sich von solchem Plunder ernähren, sollen die etwa über Dostojewski, über Tolstoi, über Turgenew entscheiden? Sie werden gar nicht fähig sein, diese Leute zu verstehen. Sie werden zwangsläufig missverstanden werden.

In Russland ist die Poesie gestorben; es war einer der größten Verluste für die Menschheit. Auch in China ist sie gestorben, weil die Künstler dort jetzt im Dienst des Staates stehen. Sie werden belohnt, sie werden geehrt, sie bekommen wichtige Posten an der Universität, doch alles unter der Bedingung, dass sie keine Dichter der Freiheit sind. Sie müssen Dichter der Sklaverei sein, sie müssen dem Staat dienen. Aber ein wirklicher Poet kann niemandem dienen, er dient nur der Poesie. Er schreibt, er singt aus keinem anderen Grund als um der Kunst willen; es steckt kein Motiv, keine Absicht dahinter. Wenn er singt, dann einfach so, wie die Vögel in der frühen Morgensonne singen, wie die Blumen erblühen, wie die Bienen summen. Ja, ganz genauso: vollkommen frei, natürlich, spontan.

Ich befürworte absolut die poetische Lebensweise, weil sie dich der Religion näher bringt. Aber bleibe dort nicht stehen, denn der Poet hat nur kurze Einblicke in die Wahrheit, nur flüchtige Einblicke. Es ist so, als würde durch einen plötzlichen Windstoß ein Fenster auffliegen und sich dann wieder schließen. So, als hättest du dich in einer dunklen Nacht im Wald verirrt, der Himmel ist wolkenverhangen und plötzlich blitzt und donnert es. Einen Augenblick lang ist es taghell, du kannst alles sehen: die Bäume, den Weg, die Felsen, die Berge. Aber nur einen Augenblick lang, dann ist der Blitz vorbei und die Dunkelheit wird tiefer; es ist dunkler als je zuvor. Du bist geblendet und steckst noch tiefer im Dunklen. Vielleicht stolperst du über einen Stein. Bevor es blitzte, hast du achtgegeben, du bist vorsichtig gegangen, aber jetzt, nach dem Lichtblick, nachdem du weißt, dass du auf dem richtigen Weg bist, bist du vielleicht unvorsichtig, weniger achtsam als vorher. Vielleicht stolperst du über einen Stein, vielleicht fällst du in einen Graben oder du verläufst dich. Der Blitz hat dazu geführt, dass du jetzt weniger siehst als vorher; er kommt so plötzlich, er blendet dich.

Der Dichter hat nur blitzhafte Erfahrungen. Hin und wieder steigt er zu den höchsten Höhen der Bewusstheit empor, doch wenn er fällt, und unglücklich fällt, dann fällt er tiefer hinab als zuvor.

Der Dichter hat nur erleuchtende Momente. Der Mystiker ist erleuchtet; er ist selbst zu Licht geworden; jetzt gibt es keine Dunkelheit mehr. Aber der Blitz kann dir eine Vorstellung davon geben, wie es ist, wenn man voller Licht ist.

Der Poet hat kurze Einblicke, der Mystiker lebt auf diesen Höhen. Für ihn ist es kein fernes Licht, er hat den Everest erreicht, er hat dort seine Klause errichtet, er bleibt dort. Und selbst wenn er dich manchmal in deinem dunklen Tal besucht, bringt er seine Höhe, seine Gipfel mit sich. Sein Everest folgt ihm; er ist sein eigentliches Klima geworden.

Der Wissenschaftler ist am weitesten entfernt, der Poet ist in der Mitte, und der Mystiker befindet sich genau im Zentrum der Existenz. Werde vom Wissenschaftler zum Dichter, aber mache auch dort nicht Halt, gehe weiter.

Buddha sagt: *„Charaiveti, charaiveti!"* Geh weiter, geh weiter, bis du einen Punkt erreicht hast, wo es nirgendwohin geht, bis du an diesen letzten Punkt gelangst, von wo es unmöglich ist, noch irgendwo hinzugehen. Dann lass dich nieder – erst dann. Dann bist du Zuhause. Dann ist das Leben eine Seligkeit, dann ist das Leben eine Gnade, dann ist das Leben ein Segen.

Im Fluss sein

Das erste, was mein Vater mich lehrte, und auch das einzige, war eine Liebe zu dem kleinen Fluss hinter unserer Stadt. Er lehrte mich nur dies – im Fluss zu schwimmen. Das ist das Einzige, was er mich je gelehrt hat, doch ich bin ihm ungeheuer dankbar, denn dadurch kam so viel Veränderung in mein Leben. Ich verliebte mich in den Fluss. Immer wenn ich an meinen Geburtsort denke, sehe ich nur den Fluss vor mir. Als mein Vater starb, erinnerte ich mich nur an den Tag, als er mich das erste Mal zum Flussufer mitnahm, um mir Schwimmen beizubringen. Meine ganze Kindheit verbrachte ich in enger Liebe mit dem Fluss. Es war eine tägliche Gewohnheit für mich, mindestens fünf bis acht Stunden am Fluss zu sein. Schon um drei Uhr morgens war ich dort; der Himmel war voller Sterne, und die Sterne spiegelten sich im Wasser. Es ist ein wunderschöner Fluss; sein Wasser ist so süß, dass die Leute ihn *Shakkar* nannten – *Shakkar* bedeutet Zucker. Das ist etwas sehr Schönes.

Ich habe ihn in der dunklen Nacht gesehen, unter den Sternen gesehen, wie er dem Ozean entgegentanzte. Ich habe ihn frühmorgens gesehen, wenn die Sonne aufging. Ich habe ihn im Vollmond gesehen, ich habe ihn beim Sonnenuntergang gesehen. Ich habe allein oder mit Freunden an seinem Ufer gesessen, an seinem Ufer meditiert, bin mit dem Boot auf ihm gefahren oder habe ihn durchschwommen. Im Regen, im Winter, im Sommer … Und so vieles kam zu mir herüber – denn nach und nach wurde die ganze Existenz für mich zu einem Fluss. Sie verlor ihre Festigkeit; sie wurde flüssig, fließend. Und ich bin meinem Vater sehr dankbar. Er hat mir nie Mathematik, Sprachen, Grammatik, Geografie, Geschichte beigebracht. Ihm hat nie viel an meiner Erziehung gelegen. Er hatte zehn Kinder … und ich habe oft gesehen, wie die Leute ihn gefragt haben: „In welcher Klasse ist dein Sohn?" Und er musste jemanden fragen, weil er es nicht wusste.

Er hat sich nie um irgendeine andere Erziehung gekümmert. Die einzige Erziehung, die er mir gab, war eine Kommunion mit dem Fluss. Er selbst liebte den Fluss sehr.

Immer wenn du fließende Dinge liebst, Dinge, die sich bewegen, dann hast du eine andere Sicht vom Leben. Der moderne

Mensch lebt mit Asphaltstraßen, Zement und Betongebäuden. Die Hochhäuser wachsen nicht; die Straße bleibt dieselbe, ob es Tag ist oder Nacht, ob es eine Vollmondnacht ist oder eine dunkle Nacht. Das ist der Asphaltstraße egal, das ist dem Zement und den Betongebäuden egal.

Der Mensch hat eine statische Welt geschaffen, er ist der Gefangene seiner eigenen Welt. Er hat die Welt der Bäume, die Welt der Flüsse, die Welt der Berge und der Sterne vergessen. Dort ist alles in Bewegung.

Sei mit Dingen, die wachsen

In der Umgebung von wachsenden Dingen wächst man leichter. Wenn du unter Bäumen meditierst, wirst du schneller wachsen. Und nicht nur das: Wenn du mit Bäumen meditierst, wachsen auch die Bäume schneller. Dein Wachstum belebt sie und ihr Wachstum belebt dich. Wo Dinge sich schnell bewegen – ein Fluss, auf einem Bauernhof, im Wald – wo sich alles bewegt und nichts statisch ist, pulsiert alles um dich herum. Ein Vortex von Energie entsteht um dich und ergreift von dir Besitz. In einem Haus aus Beton zu meditieren, ist etwas völlig anderes. Da wächst nichts, alles ist tot, zementiert. Nichts pulsiert, nichts kooperiert. Da gibt es keine Sensibilität um dich herum, da gibt es kein Feedback.

Wenn du unter einem Baum meditierst, ist der Baum glücklich; das ist jetzt wissenschaftlich bewiesen – nicht mehr nur Poesie. Die Bäume sind glücklich. Deine meditative Energie, deine Alphawellen, machen den Baum sehr, sehr froh. Und im Gegenzug verströmen die Bäume ihre Energie über dich. Sei mit Dingen, die wachsen, sei mit Kindern, sei mit Bäumen, sei mit Flüssen. Sei mit wachsenden Dingen und du wirst wachsen. Sei liebevoll zu Pflanzen, sei liebevoll zur Erde, sei liebevoll zu den Tieren und zu den Menschen und sei in allem, was du tust, total. Gehe darin auf, dann wird allmählich Meditation keine Tätigkeit mehr sein, sondern zu deinem natürlichen Rhythmus werden. Dann breitet sie sich über dein ganzes Leben aus. Sie ist wie Atmen: ob du wach bist oder schläfst, der Atem geht weiter. Meditation ist eine höhere Form des Atmens. Dein Körper lebt durch den Atem, deine Seele lebt durch Meditation.

Dem Egoisten bleibt alles verschlossen.
Für einen Menschen, der akzeptieren kann:
„Ich bin niemand",
öffnen sich plötzlich alle Türen,
und alle Mysterien der Existenz sind greifbar nah.

3. Das Ego ist die Schranke

DAS EGO TRENNT DICH VON DER EXISTENZ UND DIESE TRENNUNG erzeugt alle möglichen Leiden. Es ist, als würde man einen Baum entwurzeln: In dem Moment, wo der Baum von der Erde getrennt ist, stirbt er. Er hat Durst, er hat Hunger, es fließt kein Saft mehr, und die Lebenskraft ist versiegt. Eine große Traurigkeit umgibt den Baum. Er stirbt ab. Genauso ist es mit dem Ego: Es trennt dich von deinen eigenen Nahrungsquellen, es trennt dich vom Erdreich der Existenz. Das Ego bildet eine dünne Schicht um dich herum, so dünn und transparent, dass man sie nur fühlt, wenn man sehr wach ist. Sie ist wie klares Glas, du kannst hindurch sehen. Sie behindert nicht direkt deine Sicht, aber wenn du hinaus willst, dann hast du es mit einer Wand zu tun, einer durchsichtigen Wand. Wir leben ständig mit dieser glasähnlichen Wand um uns herum. Sie hindert uns daran zu lieben, und wenn wir jemandem begegnen möchten, steht sie dazwischen. Sie hindert uns daran zu kommunizieren, sie verhindert jede Möglichkeit einer Beziehung; sie blockiert alles.

Schaut euch euren Verstand an, denn ihr könnt das Phänomen des Egos nicht theoretisch verstehen, ihr könnt es nur auf existentieller Ebene verstehen. Schaut euch euren Verstand an, beobachtet ihn, und ihr werdet zu einer tiefen Einsicht gelangen. Wenn ihr verstehen könnt, was das Ego ist, wird es nicht mehr zum Problem, dann kann man es einfach loslassen. Ja, man braucht es gar nicht loszulassen, denn im Vorgang des Verstehens löst es sich von selbst auf. Das Ego entsteht nur durch euer

Unverständnis, durch eure Verschlafenheit. Wenn ihr es bemerkt und euer Bewusstsein darauf richtet, verschwindet es. Es löst sich auf – wie sich Dunkelheit auflöst, wenn man Licht ins Zimmer bringt. Das Ego existiert, weil du dein Sein noch nie beachtet hast. Es ist der Schatten deiner Unachtsamkeit. Man braucht es also überhaupt nicht aufzugeben. Wenn man es sich ansehen kann, zerfällt es von selbst.

Was ist das Ego? Hast du je einen Augenblick erlebt, wo kein Ego da ist? Immer wenn du still bist, ist kein Ego da. Immer wenn dein Verstand aufgeregt ist, drauflos plappert und rastlos ist, ist das Ego da. Immer wenn du entspannt, ruhig und still bist, ist das Ego nicht vorhanden. Jetzt im Moment: Wenn du still bist – wo ist dein Ego? Du bist da, aber ohne ein Gefühl von Ich. Und umgekehrt: Wenn du voller Sorgen, Konflikte, Ängste bist, spürst du in dir ein geballtes Ego. Wenn du voller Wut und Leidenschaft bist, nimmst du ein kristallisiertes Ego im Innern wahr. Wenn du voller Liebe, voller Mitgefühl bist, ist es nicht da.

Deshalb können wir auch nicht lieben; denn mit dem Ego ist Liebe unmöglich. Deshalb reden wir ständig von Liebe, ohne je zu lieben. Und alles, was wir Liebe nennen, ist meistens Sex; es ist keine Liebe, denn du kannst dein Ego nicht aufgeben. Liebe kann erst dann entstehen, wenn das Ego verschwunden ist.

Liebe, Meditation, Gott – zu all dem gehört nur eins: Das Ego darf nicht mehr da sein. Wenn du die Liebe kennst, brauchst du Gott nicht mehr kennenzulernen: Du kennst ihn bereits. Liebe ist nur eine andere Bezeichnung dafür. Wenn du weißt, was Liebe ist, brauchst du keine Meditation mehr – du bist bereits in Meditation. Liebe ist nur eine andere Bezeichnung dafür. Die vielen Meditationstechniken und Meditationsschulen sind nur deshalb nötig, weil es keine Liebe gibt. Wo es Liebe gibt, braucht nichts praktiziert zu werden, denn das, um was es geht, ist bereits geschehen – das Ego ist verschwunden.

Immer wenn du nicht im Verstand bist, wenn du still bist, ist kein Ego da. Wenn du in dieser Stille nur einen kurzen Einblick in dein egoloses Sein hast, dann kannst du das Ego analysieren und verstehen, was es ist.

Der Verstand ist angesammelte Vergangenheit. Der Verstand ist niemals hier, er ist niemals jetzt. Er kommt immer aus der Vergangenheit. Der Verstand, das sind alle Gedächtnisinhalte, alle Erfahrungen, die du gemacht hast, alle Informationen, die dir begegnet sind, alles Wissen, das sich angesammelt hat. Alles, was du gehört, aufgeschnappt oder gelesen hast, ist im Verstand gespeichert.

Das Bewusstsein ist im Innern, du bist im Innern, aber ohne das Ich. Innen gibt es kein Ich. Du bist – aber ohne ein Zentrum. An der Außenschicht lagern sich jeden Moment Wissen, Erfahrungen und Erinnerungen ab. Das ist der Verstand. Und immer wenn du die Welt siehst, siehst du sie durch den Verstand. Immer wenn du eine neue Erfahrung machst, schaust du durch deine Erinnerungen, deutest du alles durch die Erinnerungen. Du betrachtest alles durch die Brille des Vergangenen; das Vergangene wird zum Vermittler.

Auf diese Weise identifizierst du dich allmählich mit ihm. Diese Identifikation ist das Ego. Oder anders ausgedrückt: Die Identifikation mit den Erinnerungen ist das Ego. Wenn du sagst: „Ich bin ein Hindu" oder „Ich bin ein Christ" oder „Ich bin ein Jaina" – was machst du da? Niemand wird als Christ oder Hindu oder Jaina geboren; du wirst einfach als Mensch geboren. Dann wirst du erzogen, man bringt dir bei, dass du ein Christ, ein Hindu oder ein Jaina bist. Das ist eine Erinnerung. Man hat dir gesagt, dass du ein Christ bist. Das ist eine Erinnerung, und jedes Mal, wenn du von dieser Erinnerung her schaust, hast du das Gefühl: „Ich bin ein Christ."

Dein Bewusstsein ist nicht christlich, kann es gar nicht sein.

Es ist einfach Bewusstsein. Man hat dir gesagt, dass du ein Christ bist. Diese Information wird in der Außenschicht gespeichert. Jetzt schaust du durch diese Brille und die ganze Welt nimmt ihre Färbung an.

Immer wenn du dich mit irgendeiner Erinnerung, mit irgendeinem Wissen, einer Erfahrung, einem Namen oder einer Form identifiziert hast, ensteht dieses Ich. Dann sagst du, du bist jung, du bist alt, du bist reich oder arm, schön oder nicht schön, gebildet oder ungebildet, geachtet oder nicht geachtet, dann identifizierst du dich immer mehr mit Dingen, die sich um dich herum angesammelt haben, und das Ego entsteht. Das Ego ist die Identifikation mit dem Verstand.

Wenn Stille in dir herrscht, gibt es kein Ego, denn wenn du still bist, arbeitet der Verstand nicht. Doch das geschieht nur selten, und auch nur für einen Augenblick. Deshalb kommen dir die Situationen, in denen du still bist, so wunderbar vor. Du sehnst dich nach solchen Situationen. Du gehst ins Gebirge und beobachtest die Sonne, wenn sie morgens aufgeht. Plötzlich bist du voller Freude, eine Glückseligkeit überkommt dich.

Was ist da geschehen? Der stille Morgen und der Sonnenaufgang, das Grün und die Bergwelt lassen dein inneres Geplapper plötzlich still stehen. Das Phänomen ist so riesig – wohin du auch blickst eine solche Schönheit, ein solcher Friede und solches Schweigen, dass du für einen Augenblick nicht existierst. In diesem Stillstehen hast du einen egolosen Zustand erfahren – auch wenn es nur ein einziger Augenblick war.

Es kann in vielen Situationen geschehen: Im Sex, in der Musik – in allem, das so stark ist, dass du überwältigt bist und dein ständiges Geplapper für einen Moment beiseite gedrängt wird. Es wird zurückkommen. Immer wenn du ohne Ego bist, ob durch Zufall oder mit Hilfe bestimmter Übungen, spürst du eine unbeschreibliche Seligkeit, die du noch nie gespürt hast.

Diese Seligkeit stammt nicht von außen. Sie kommt nicht vom Gebirge oder vom Sonnenaufgang oder von den schönen Blumen; sie kommt nicht vom Sex – sie kommt überhaupt nicht von außen. Sie kommt von innen. Das Äußere stellt nur die auslösende Situation her. Aber wenn du diese äußere Situation immer wieder herstellst – dann kommt die Seligkeit nicht mehr; denn mit der Zeit wirst du immun dagegen, du gewöhnst dich daran.

Derselbe Berg und derselbe Morgen ... du gehst immer wieder hin, aber du spürst nichts mehr. Du hast das Gefühl, es fehlt etwas. Weil beim ersten Mal alles so neu war, hat dein Verstand völlig ausgesetzt. Das Staunen war so überwältigend und das Wunder war so neu, dass du das alte Geplapper nicht fortsetzen konntest. Es stand still – einfach vor Ehrfurcht stand es still. Aber wenn du das nächste Mal hingehst, kennst du alles. Da ist keine Ehrfurcht, kein Mysterium mehr – der Verstand macht einfach weiter. So geht es mit jeder Erfahrung. Wenn du bei irgendeinem Anlass eine plötzliche Freude empfindest und die Sache wiederholst, dann wird die Freude zerstört. Der Verstand ist also ein Speicher und hinter dieser gespeicherten Vergangenheit liegt dein Bewusstsein verborgen.

Wenn du das verstehst, dann ist der nächste Schritt nicht schwierig. Und der besteht darin, dass man sich des Verstandes bedienen muss. Es ist nicht nötig, sich mit ihm zu identifizieren; man kann ihn als ein Werkzeug benutzen, denn das ist er auch.

Bleibe immer über dem Verstand. Und du bist tatsächlich über ihm, denn du bist hier und jetzt. Du bist immer gegenwärtig, und der Verstand ist immer das Vergangene. Du bist ihm immer voraus. Er hinkt immer hinter dir her, er ist ein Schatten. Dieser jetzige Augenblick ist etwas Neues, dein Verstand kennt ihn nicht. Einen Augenblick später wird er dem Gedächtnis einverleibt sein – dann kennt ihn der Verstand.

Doch in jedem einzelnen Augenblick bist du frei. Wenn du dir der Realität hier und jetzt bewusst sein kannst, wirst du immer über dem Verstand bleiben. Und wenn du über dem Verstand bleiben kannst – immer über ihm, wenn du ihn benutzt, ohne dich in ihm zu verstricken, wenn du ihn als Werkzeug benutzt, ohne dich mit ihm zu identifizieren, dann wird das Ego verschwinden.

Gehe durch die Tür des Jetzt

Sobald das Ego verschwindet, sind alle Geheimnisse offene Geheimnisse. Das Leben ist nicht wie eine Faust, es ist eine offene Hand. Aber den Leuten gefällt die Vorstellung, dass das Leben Geheimnisse hat, verborgene Geheimnisse. Um ihrer Blindheit aus dem Weg zu gehen, haben sie die Vorstellung von Geheimnissen erfunden, von esoterischem Wissen, über das nicht jeder verfügt, nur große Eingeweihte, die in Tibet oder im Himalaja leben oder ihren Körper verlassen haben und nur noch wenigen auserwählten Menschen im Astralkörper erscheinen. Dieser ganze Unsinn hat sich deshalb jahrhundertelang erhalten, weil ihr die einfache Tatsache nicht anerkennen wollt, dass ihr blind seid. Anstatt zu sagen, „Ich bin blind", sagst du, „die Geheimnisse des Lebens sind verborgen; sie sind nicht so leicht zugänglich. Man muss zuerst eingeweiht werden."

Das Leben ist nicht im Geringsten esoterisch. Es ist auf jedes Blatt, auf jeden Baum, auf jeden Kiesel am Meeresstrand geschrieben, es ist in jedem Sonnenstrahl enthalten – alles was dir begegnet, ist das Leben in seiner ganzen Schönheit. Und das Leben hat keine Angst vor dir, warum sollte es sich verstecken? Im Gegenteil – du bist es, der sich versteckt; du versuchst ständig, dich zu verstecken. Du verschließt dich vor dem Leben, weil du davor Angst hast. Du hast Angst zu leben, denn Leben erfordert ein dauerndes Sterben. Man muss jeden Moment für die Vergangenheit gestorben sein. Das ist die große Anforderung, die das Leben stellt – sehr einfach, wenn du verstanden hast, dass es die Vergangenheit nicht mehr gibt. Mach Schluss damit. Sie ist vorbei. Schließe das Kapitel ab, trage es nicht weiter mit dir herum. Dann steht dir das Leben offen.

Doch du bleibst in der Vergangenheit; die Vergangenheit bleibt immer an dir hängen, ihre Nachwirkungen verschwinden nie. Und anstatt in der Gegenwart zu sein, drängen dich die Nachwirkungen der Vergangenheit in die Zukunft. So lebst du also entweder in Erinnerungen oder in Vorstellungen von der Zukunft. Dies sind die beiden Möglichkeiten, das Leben zu verpassen. Ansonsten ist es nicht nötig, das Leben zu verpassen. Komm einfach aus deinen Erinnerungen und deinen Vorstellungen heraus. Die Vergangenheit ist nicht mehr und die Zukunft ist noch nicht; beide gibt es nicht. Das einzige, was es gibt, ist die Gegenwart, das Jetzt. Gehe durch die Tür des Jetzt und alles erschließt sich dir – direkt, unmittelbar. Das Leben ist nicht geizig; es verbirgt nie etwas, es hält mit nichts zurück. Es ist bereit, dir alles zu geben, vollständig und bedingungslos. Aber du bist nicht bereit.

Hast du ihn je den Sonnenuntergang angeschaut? Wenn du ihn wirklich gesehen hast, dann fragst du nicht nach den Geheimnissen des Lebens; der Sonnenuntergang hat dir alles beantwortet. Hast du je eine Rose angeschaut? Ja, du sagst „Sie ist schön." Vielleicht wiederholst du sogar den berühmten Spruch „Eine Rose ist eine Rose ist eine Rose", aber du siehst die Rose nicht. Du bist voller Worte und allem möglichen Jargon – poetisch, philosophisch – doch zwischen dir und der Rose ist eine solche Wand, eine chinesische Mauer. Hinter dieser Mauer versteckst du dich. Dabei spielt sich das Leben völlig offen, völlig unverhüllt vor dir ab. Alles, was du brauchst, ist ein Zustand des Nichtwissens, einen leeren Raum, der es aufnehmen kann, der es empfangen kann. Nur in einem Zustand des Nichtwissens bist du ein Gastgeber, dann wird das Leben zu deinem Gast.

Beobachte einfach nur, ohne zu beurteilen. Sage nicht „gut" oder „schlecht", sage nicht „schön" oder „hässlich". Sage überhaupt nichts. Beobachte einfach mit völlig leeren Augen, wie ein Spiegel – ohne etwas zu sagen, ohne deinen Verstand einzubringen. Reflektiere den Mond, die Sterne, die Sonne, die Bäume, die Menschen und die Tiere. Dann wird das Leben in dein Sein hineinfließen. Es ist eine unerschöpfliche Quelle der Energie. Und Energie ist Entzücken.

William Blake hat recht, wenn er sagt: Energie ist Entzücken. Wenn das Leben seine Energie in dich hineingießt, bist du verjüngt, bist du vitalisiert; du wirst ständig neu geboren. Ein wirklich lebendiger Mensch wird ständig neu geboren – jeden Augenblick. Er frisch, er ist immer jung. Selbst im Sterben ist er noch frisch und jung. Noch im Augenblick des Todes gießt das Leben Energie in ihn hinein. Seine Art, dem Leben zu begegnen – ohne den Verstand –, hilft ihm, nicht nur das Leben, sondern auch den Tod zu sehen. Denn wenn du das Leben sehen kannst, siehst du auch den Tod. Und den Tod zu sehen bedeutet, dass es keinen Tod gibt. Alles ist Leben, ohne Anfang, ohne Ende. Und du bist Teil dieses unendlichen Feierns. Beobachte einfach, sei wach und lebe aus einem Zustand der Unschuld heraus.

Man braucht keine großen Erfahrungen

Das Leben besteht aus kleinen Dingen, und alle großen Dinge sind falsch; sie sind Egotrips. Sie halten dich beschäftigt und geben dir ein Gefühl von Größe, so, als würdest du etwas ganz Wichtiges tun. Doch das wirkliche Leben ist einfach und gibt dir gar kein Gefühl von Größe. Es ist nicht auf einem Egotrip.

Im Gegenteil, das wirkliche Leben macht dich bescheiden, weil du nach und nach begreifst, dass du genauso bist wie die Bäume, wie die Tiere oder die Vögel. Sie machen das Gleiche wie du. In großen Dingen ist der Mensch anders, aber in kleinen Dingen ist er genauso wie die Tiere.

Wenn du hungrig bist, isst du – so machen es die Vögel auch. Wenn du müde bist, schläfst du – so machen es die Tiere auch. Wenn du verliebt bist, liebst du – die ganze Natur macht es so. Man hat ein Gefühl der Bescheidenheit. Kein einziges Tier ist Premierminister. Kein Baum will Präsident oder König oder Königin werden. So dumm sind sie nicht, und wenn du ihnen diesen Vorschlag machst, werden sie bloß lachen.

Einmal geschah es, dass der Kaiser von Japan einen Zen-Meister aufsuchte, der auf einem Berg im Wald lebte. Er brachte ihm viele Geschenke und auch eine kostbare, diamantenbestickte Robe, wie sie nur dem Meister des Kaisers gebührt. Der Kaiser überreichte sie dem Meister, doch der fing an zu lachen und meinte: „Deine Liebe nehme ich an, aber dieses Gewand nimm bitte wieder mit. Wenn ich es hier trage, wo ich nur die Bäume und die Tiere zu Freunden habe, werden sie mich alle auslachen und sagen, ich sei ein dummer alter Narr geworden. Sie werden sagen, ich sei im hohen Alter noch solch lächerlichen Dingen zum Opfer gefallen."

Alle besonderen Dinge sind menschlich, und alle gewöhnlichen Dinge sind natürlich.

Allein das Bedürfnis, außergewöhnlich zu sein, ist krankhaft. Einfach nur gewöhnlich zu sein ist gesund. Ich möchte, dass du dich entspannst und die einfachen Dinge genießt. Erlaube dir, wieder den Geschmack deines Essens zu genießen, langsam das Wasser zu trinken, damit du die Kühle spürst, die sich im Körper ausbreitet. Spüre die Erde, betrachte die Sterne und sei einfach gewöhnlich und bescheiden. Es gibt nichts Besonderes zu tun.

Die ganze Existenz lebt in absolutem Gewöhnlichsein

Die Natur bringt keine besonderen Menschen hervor. Sie bringt einzigartige Menschen hervor, aber keine besonderen. Jeder ist auf seine Weise einzigartig. Die große Tanne oder der kleine Rosenstrauch, wer ist größer? Weder brüstet sich die Tanne, weil sie größer ist, noch sagt der Rosenstrauch: „Du magst größer sein; aber wo sind die Rosen? Die wahre Größe besteht in den Rosen, im Duft ihrer Blüten. Höher gewachsen zu sein bedeutet noch lange nicht, größer zu sein." Nein, der Rosenstrauch und die Tanne wachsen nebeneinander ohne jeden Streit, ohne Rivalität, einfach weil sie verstehen, dass sie beide ein Teil derselben Natur sind.

Wenn ich vom Gewöhnlichsein rede, meine ich damit, dass du die Idee aufgeben sollst, außergewöhnlich zu sein, weil dich das in der Mittelmäßigkeit festhält. Gewöhnlich zu sein ist das Außergewöhnlichste auf der Welt. Beobachte dich selbst! Es ist schmerzhaft, den Gedanken zu akzeptieren, dass du nicht außergewöhnlich bist. Es tut weh. Aber beobachte, was geschieht, sobald du den Gedanken akzeptierst, dass du gewöhnlich bist. Eine große Last fällt von dir ab. Plötzlich bist du in einem freien Raum – ganz natürlich, einfach genau so, wie du bist.

Der gewöhnliche Mensch ist einzigartig, einfach und bescheiden. Aufgrund seiner Einfachheit, Bescheidenheit und Einzigartigkeit ist er wirklich außergewöhnlich geworden, aber er hat keine Vorstellung davon.

Menschen, die bescheiden sind und akzeptieren, dass sie gewöhnliche Menschen sind, wie alle anderen – in deren Augen ist ein Licht, in ihren Handlungen ist Anmut. Du wirst sie nicht konkurrieren sehen, wirst sie nicht schwindeln sehen, wirst sie niemanden verraten sehen. Sie sind keine Heuchler.

Warum solltest du etwas heucheln, wenn du gewöhnlich bist? Du kannst dein Herz offen jedem zeigen, weil du nichts vortäuschst. Geheimnistuerisch wird man erst, wenn man anfängt, etwas vorzutäuschen. Dann fühlt man sich großartig. Ob man es zeigt oder nicht, durch die Heuchelei, durch die vielen Masken wird der Kopf immer dicker. Das ist eine Krankheit.

Und was ist das für ein Mensch, der glaubt, er sei außergewöhnlich? Ein solcher Mensch leidet unter einem gewaltigen Minderwertigkeitskomplex. Um es zu verheimlichen, projiziert er das Gegenteil – aber damit täuscht er nur sich selbst; andere kann er damit nicht täuschen.

Ein gewöhnlicher Mensch hat kein Bedürfnis, ein Heuchler zu sein, kein Bedürfnis, ein Hochstapler zu sein. Er ist einfach offen. Er muss keine Geheimnisse verbergen. Und in dieser Offenheit und Einfachheit liegt eine Schönheit.

Die ganze Existenz lebt in absolutem Gewöhnlichsein und ist so fröhlich, ein solcher Segen – nur der Mensch ist krank. Seine Krankheit besteht darin, dass er sich selbst nicht akzeptieren kann, so, wie er ist. Er will etwas Großartiges sein: „Alexander der Große!" Weniger genügt ihm nicht. Dabei vergisst er, was Alexander davon hatte: Er lebte nur dreiunddreißig Jahre lang und verbrachte sein ganzes Leben mit Kämpfen, Erobern und Töten. Er hatte überhaupt keine Gelegenheit zu leben, keine Zeit zu leben.

Auf dem Weg zur Eroberung Indiens begegnete Alexander dem großen Weisen Diogenes. Alexander fragte Diogenes, ob er eine Botschaft für ihn habe. Diogenes sagte: „Nur diese: Lebe, statt deine Zeit zu verschwenden! Du lebst nicht und du erlaubst anderen nicht, zu leben. Du begehst ungeheure Verbrechen gegen das Leben – wozu? Nur um Alexander der Große genannt zu werden? So denkt doch jeder. Für dich selbst kannst du dich Alexander der Große nennen, daran hindert dich niemand. Wenn du willst, hefte dir ein Schild an die Brust: „Alexander der Große" –, aber lebe! Du wirst zwar wie ein Narr aussehen, aber besser, wie ein Narr auszusehen, als ein Narr zu sein. Zumindest hast du dann Zeit zu leben, lieben, singen, tanzen."

Alexander verstand die Botschaft. Er sagte: „Ich verstehe, was du meinst. Wenn ich zurückkomme, werde ich versuchen, es zu befolgen."

Diogenes sagte: „Denke daran, von einem solchen Egotrip kommt keiner zurück, denn er hört nie auf, er geht immer weiter. Bevor dein Egotrip aufhört, wirst du aufhören." Und genauso war es: Alexander schaffte den Weg nach Hause nicht mehr. Er starb auf dem Rückweg. Und als er im Sterben lag, erinnerte er sich an den Satz von Diogenes, dass keiner zurückkommt. In tiefer Hochachtung für Diogenes sagte Alexander zu den Leuten, die seine Leiche begraben würden: „Lasst meine Hände aus dem Sarg heraushängen."

Sein oberster Minister sagte: „Aber das entspricht nicht der Tradition. Die Hände müssen im Sarg liegen. Es würde sehr seltsam aussehen, sie heraushängen zu lassen."

Doch Alexander sagte: „Ich will, dass sie heraushängen. Ich will, dass die Menschen eines wissen: Mit leeren Händen bin ich auf diese Welt gekommen, mit leeren Händen habe ich auf dieser Welt gelebt und mit leeren Händen gehe ich aus dieser Welt."

Die leeren Hände von Alexander dem Großen sind repräsentativ für die Hände von fast allen Menschen. Wenn du authentisch und aufrichtig leben willst, dann sei einfach gewöhnlich. Dann kann niemand mit dir konkurrieren. Du bist aus dem Konkurrenzkampf, der nur destruktiv ist, ausgestiegen

Dann bist du plötzlich frei zu leben – hast du Zeit zu leben. Du hast Zeit zu tun, was du tun möchtest. Du kannst lachen, du kannst singen, du kannst tanzen. Du bist ein gewöhnlicher Mensch. Selbst wenn die ganze Welt darüber lacht, na und? Das sind alles außergewöhnliche Menschen, sie haben ein Recht zu lachen. Und du hast ein Recht zu tanzen. Ihr Lachen ist unecht, aber dein Tanz ist echt. Und der erste Schritt besteht darin, deine Einfachheit und Bescheidenheit zu akzeptieren.

Wie kannst du ein Egoist sein in einem so schönen, wunderbaren, unermesslichen Universum? Was für ein Ego kannst du schon haben? Dein Ego ist eine Seifenblase, die höchstens ein paar Sekunden existiert und in die Luft emporsteigt. Vielleicht reflektiert sie ein paar Sekunden lang einen Regenbogen, aber höchstens ein paar Sekunden. In dieser unendlichen und ewigen Existenz platzt jede Sekunde ein Ego.

Es ist besser, sich nicht an Seifenblasen zu klammem. Du kannst mit ihnen spielen, wenn du in der Badewanne sitzt. Aber du kannst eine Seifenblase nach der anderen zum Platzen bringen und dir dabei sagen: „Das ist mein Ego und ich lasse es platzen!" Und wenn du aus der Wanne herauskommst, bist du ein ganz gewöhnlicher Mensch – frisch, bescheiden, unschuldig.

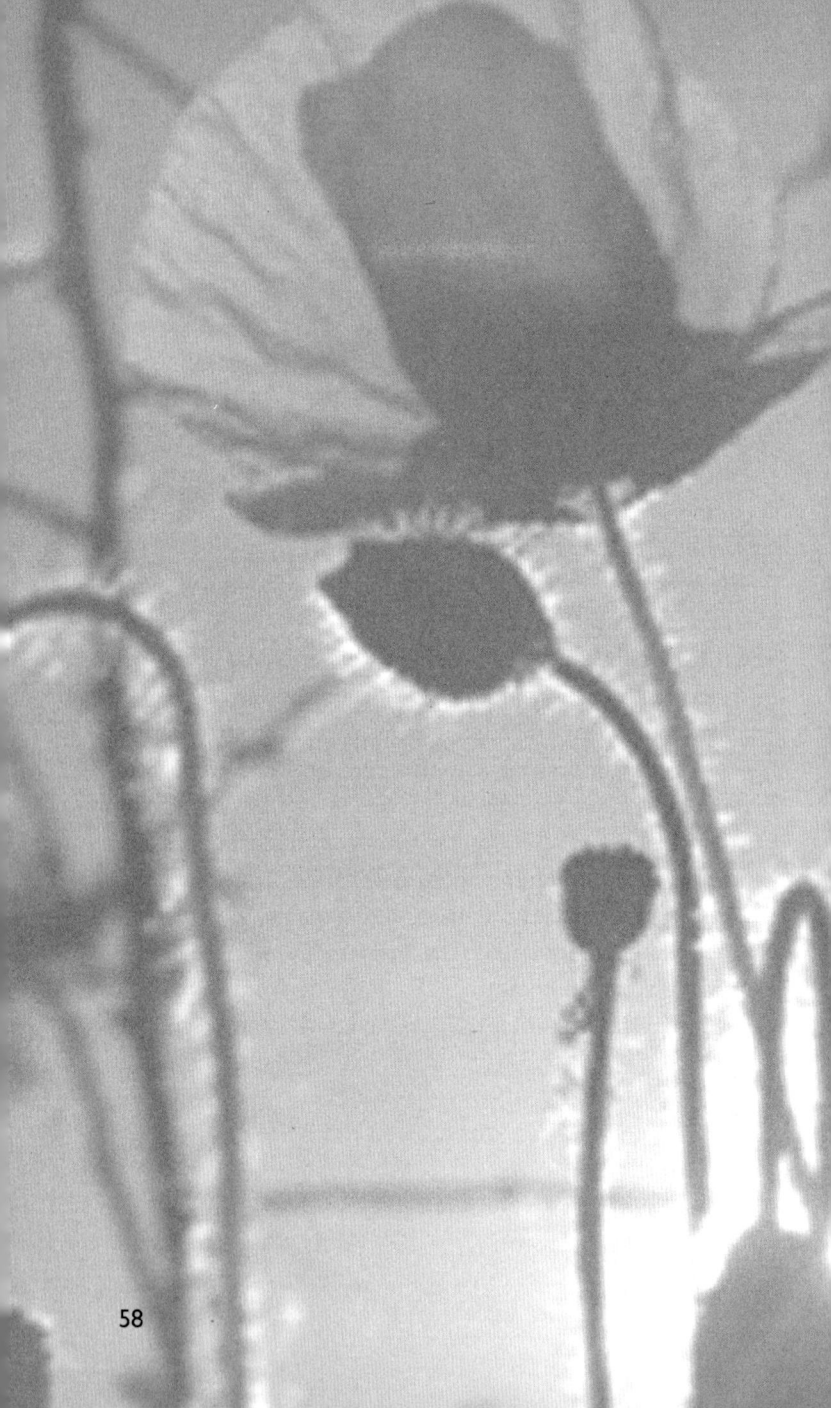

BETRACHTE DIE EXISTENZ OHNE FRAGEN IM SINN

Du schaust einfach nur. Du hast keine Idee, wie du sie anschauen sollst, du legst dich nicht fest, du hast keine Vorurteile. Du schaust einfach mit bloßen Augen, völlig frei von Gedanken und Philosophien. Mit den Augen eines kleinen Kindes schaust du sie an, und plötzlich ist da nur die Antwort. Wo immer du hinschaust, da dringt dein Blick bis in den tiefsten Kern, und auf einmal findest du dich selbst. Du findest dich überall. Wenn du nur tief genug schaust, findest du dich in einem Felsen. Dann wird der Beobachter das Beobachtete; der Sehende wird das Gesehene. Der Wissende wird das Gewusste. Wenn du tief genug in einen Felsen schaust, in einen Baum, in einen Mann oder in eine Frau, immer weiter schaust, wird dieser Blick zu einem Kreis. Er beginnt bei dir, geht durch den anderen hindurch und kommt zu dir zurück. Alles ist so durchsichtig, nichts steht im Weg. Der Strahl geht hinaus, wird zum Kreis und fällt auf dich zurück.

Finde wieder die Verbindung zu deinem Körper.
Dann wird dir bald bewusst,
dass der ganze Körper um das Herzzentrum kreist,
so, wie ein Solarsystem, das um die Sonne kreist.
Die Hindus haben das Herz
die Sonne des Körpers genannt.
Der ganze Körper ist ein Solarsystem und
kreist um das Herz.
Als das Herz anfing zu schlagen,
begann dein Leben und wenn es aufhört zu schlagen,
wirst du sterben.
Das Herz ist und bleibt das Solarzentrum
deines Körpers.
Sei dir dessen bewusst.
Aber das ist nur möglich,
wenn du deinem Körper mehr
Aufmerksamkeit schenkst.

4. Zum Ursprung der Lebendigkeit

DER KOPFORIENTIERTE MENSCH IST VOM UNIVERSUM ABGESCHNITTEN. Er lebt im Universum, aber er lebt in einer tiefen Benommenheit. Er hat die Verbindung verloren; er ist abgeschnitten. Genau das ist Entfremdung.

Der moderne Mensch fühlt sich entfremdet, er fühlt sich als Außenseiter, er fühlt sich nicht zuhause, nicht entspannt mit dem Leben, mit der Existenz, mit der Welt. Er hat das Gefühl, als sei er in die Welt hineingeworfen worden und das erweist sich eher als ein Fluch, als ein Segen.

Wie konnte das geschehen? Eine einseitige Ausrichtung auf den Kopf, eine übertriebene Schulung des Denkens hat alle Verbindung zum Herzen abgeschnitten. Es gibt viele Menschen – und ich habe Tausende von Menschen beobachtet – die ihr Herz nicht kennen; sie umgehen es. Das Herz klopft zwar, aber es fließt keine Energie mehr hindurch. Sie umgehen das Herz und gelangen direkt zum Kopf. Sogar wenn sie lieben, denken sie nur, sie lieben. Selbst wenn sie fühlen, denken sie nur, sie fühlen; sogar das Fühlen geht über den Kopf. Natürlich muss es dann falsch sein.

Der Mensch versucht das Universum mithilfe des Denkens zu verstehen, aber das Denken ist ein großer Verfälscher. Er betrachtet das Universum mit den Augen der Logik und nicht mit den Augen der Liebe. Mit den Augen der Logik wirst du einige Dinge erkennen, aber diese wenigen Dinge vermitteln dir keinen Einblick in die Realität. Sie sind nur Abstraktionen.

Wenn du mit den Augen der Liebe schaust, erkennst du die Realität wie sie ist. Liebe bedeutet, mit dem Universum in Einklang zu sein, mit ihm eins zu werden. Es ist etwas Orgastisches. Jetzt fließt du, und die Existenz war schon immer ein Fließen. Nun Treffen sich diese beiden Ströme und vermischen sich und vereinigen sich. Dadurch entsteht eine höhere Synthese. Der Teil verschmilzt mit dem Ganzen und das Ganze verschmilzt mit dem Teil. Dadurch entsteht etwas, das mehr ist als der Teil und das Ganze zusammen – und das ist Liebe. Liebe ist eines der wichtigsten Worte in der menschlichen Sprache, denn Liebe ist eine existentielle Sprache.

Aber wir sind von Kindheit an verkrüppelt worden. Unsere Verbindung mit dem Herzen wurde abgeschnitten. Man zwingt uns in den Kopf und erlaubt uns nicht, im Herzen zu sein. Das ist etwas, woran die Menschheit schon lange leidet; es ist ein großes Unglück, dass der Mensch noch nicht fähig ist, ein liebevolles Leben zu führen.

Die Gesellschaft, die Zivilisation, die Kultur, die Kirchen, sie alle zwingen das kleine Kind zu logischem Denken. Sie versuchen, seine Energien im Kopf zu konzentrieren. Und wenn sich die Energie erst einmal im Kopf konzentriert, dann wird es sehr schwer, von dort zum Herzen zu gelangen.

Normalerweise lokalisieren wir das Bewusstsein im Kopf, aber andere Kulturen und andere Zivilisationen der Vergangenheit haben es auch mit anderen Körperteilen versucht, und auf anderen Planeten gibt es Wesen, bei denen andere Körperteile der Sitz des Denkens sind. Aber egal was man wählt, die Lokalisierung des Bewusstseins bedeutet eine Einschränkung, und immer wenn das Bewusstsein nicht so frei fließen kann, wie es möchte, ist es nicht mehr Bewusstsein.

Meditation bedeutet fließendes Bewusstsein. Lass das Bewusstsein den ganzen Körper erfüllen, lass es durch die Gesamtheit deines Wesens fließen, dann wirst du ein Gefühl der Lebendigkeit haben, wie es das erstarrte Bewusstsein nie gekannt und gefühlt hat. Immer wenn sich das Bewusstsein auf einen bestimmten Teil des Körpers konzentriert, wird dieser Teil verspannt und krank, und der übrige Körper wird zu totem Ballast. Aber mit einem meditativen oder fließenden Bewusstsein ändert sich alles. Der ganze Körper lebt auf, er wird empfindsam und bewusst und damit schwerelos. Nun gibt es keine Spannungen mehr, denn wenn das Bewusstsein nicht blockiert ist, können sie sich nirgends sammeln. Wenn das Bewusstsein nicht erstarrt ist, kann es keine Spannungen geben. Das fließende, das strömende Bewusstsein, wäscht sie mit jeder Bewegung fort. Und wenn der ganze Körper lebendig ist, wirst du das kosmische Bewusstsein überall um dich herum zu spüren.

Die Wurzeln wiederfinden

Durch die Füße bist du in Kontakt mit der Erde – du bist geerdet. Wenn du deine Beine und all ihre Kraft verlierst und sie zu leblosen Gliedern werden, bist du nicht mehr in der Erde verwurzelt. Dann bist du wie ein Baum, dessen Wurzeln tot oder verfault sind. In diesem Zustand kann der Baum nicht lange leben und erst recht nicht gesund und in Fülle leben. Deine Füße müssen in der Erde wurzeln; sie sind deine Wurzeln.

Mach einmal ein kleines Experiment: Stelle dich an einen Strand, an ein Flussufer oder einfach in die Sonne – und fange an zu hüpfen, zu joggen und spüre, wie deine Energien durch die Füße, durch die Beine in die Erde fließen. Nach ein paar Minuten Jogging bleib einfach still stehen und fühle durch deine Füße eine tiefe Verbindung mit der Erde. Plötzlich wirst du dich sehr verwurzelt, geerdet und stark fühlen. Du wirst merken, wie die Erde kommuniziert, du wirst merken, wie deine Füße kommunizieren – es entsteht eine Zwiesprache zwischen der Erde und dir.

Diese Erdung ist verloren gegangen. Die Menschen sind entwurzelt, sie haben keinen Boden mehr unter den Füßen. Aber so kann man nicht leben. Denn das Leben gehört dem gesamten Organismus an, nicht nur dem Kopf.

Wenn es möglich ist, fang an zu laufen – es gibt nichts Besseres als Laufen – einen Lauf von vier bis fünf Kilometern. Steigere dich langsam auf vier bis fünf Kilometer und mach eine richtige Meditation daraus. Laufe allein am frühen Morgen, dann wirst du dich freier und den Elementen näher fühlen – der Luft, der Sonne, der Atmosphäre, den Bäumen, den Vögeln.

Sei nicht ehrgeizig beim Laufen. Unser Denken ist so von Ehrgeiz vergiftet, dass du unwillkürlich einen Wettlauf daraus machst, wenn du mit jemand anderem läufst. Dann möchtest du den andern unbewusst besiegen, du möchtest erster sein. Dieses Gift sitzt sehr tief, und wenn Laufen zu einem Wettkampf wird, dann ist es keine Meditation mehr. Es ist ein Sport, keine Meditation. Laufen darf also kein Wettkampf sein – das ist das erste.

Zweitens soll das Laufen frei von Selbstkritik sein: dass du besser laufen solltest, länger laufen solltest, dass du dich noch steigern könntest ... das ist alles Unsinn. Du läufst mit niemand um die Wette, du genießt einfach den Kick. Laufe also ohne Selbstkritik – nur aus Spaß.

Wenn wir jeden Tag wenigstens eine Stunde lang irgendetwas machen können, ohne es zu bewerten, dann ist es eine Meditation. Einfach aus reiner Freude! Aber wir sind so sehr gegen die Freude konditioniert worden, alles muss einen Nutzen haben. Die Leute werden fragen: „Wozu läufst du? Du bist doch nicht dick. Du brauchst doch nicht abzunehmen – wozu also? Du willst an keinem Wettlauf teilnehmen, wozu dann?" Wir sind dazu erzogen worden, immer nach dem Nutzen zu fragen, aber alles Schöne passiert nur, wenn wir nicht an Nutzen denken – wenn wir etwas nur aus Freude tun, aus reiner Freude. Laufen kann sehr tief gehen. Es berührt eine Schicht von Angst, unter dieser Schicht sitzt Wut und unter der Wut sitzt Liebe, aber unter all diesen Schichten ist noch etwas anderes, das du finden musst.

Laufen berührt eine der tiefsten Schichten des Menschen, weil der Mensch jahrtausendelang ein Läufer gewesen ist. Erst vor ein paar Jahrhunderten hat der Mensch aufgehört zu laufen. Er war Jäger, und Laufen war eines der wichtigsten Dinge, die er können musste. Noch heute gibt es in Afrika Jäger, dort gibt es noch Stämme, die reine Jägerstämme sind. Sie haben so schöne Körper, so lange Hälse, dass selbst die Tiere ein bisschen neidisch werden. Es gibt dort Läufer, die zwanzig, dreißig, vierzig

Kilometer ohne Unterbrechung laufen können. Sie müssen mit den Tieren mithalten. Manchmal jagen sie die Tiere, und manchmal jagen die Tiere sie, und dazu müssen sie laufen, sehr schnell laufen; denn es geht um Leben und Tod.

Die tiefste Schicht im Menschen ist also die des Jägers. Die Fähigkeit zu laufen ist in unseren Gehirnzellen verankert. Schwimmen sitzt nicht so tief, es ist etwas Angelerntes, aber Laufen sitzt wirklich tief. Manchmal kommt es vor, dass ein Läufer in tiefere Meditation gelangt als ein Meditierender. Beim Meditieren ist die Chance zehn Prozent, beim Laufen ist die Chance achtzig Prozent.

In einer besseren Welt wird Laufen eine der wichtigsten Meditationen sein. Wenn du schnell läufst und tief atmest, dann verschwindet allmählich, nach der ersten Meile, die Trennung zwischen dir und dem Körper. Du wirst zu einer psychosomatischen Einheit. Du wirst eins.

Nach der ersten Meile, wenn der Atem beim Laufen wirklich tief geht und von dir Besitz ergreift – er muss tief gehen, du musst so tief wie möglich ein- und ausatmen –, dann wird dein ganzes Blut gereinigt. Die Luft durchströmt dich, die Sonnenstrahlen durchströmen dich, du bist wieder Teil der Natur, du bist wieder ein Tier – du hörst auf, ein zivilisierter Mensch zu sein, das ist etwas Totes. Wenn du wieder zum Tier wirst, verschwinden plötzlich deine Sorgen. Man kann nicht laufen und sich gleichzeitig Sorgen machen – das geht nicht. Obwohl viele es versuchen …

Ich selbst bin fast zehn Jahre lang jeden Tag fünfzehn Meilen gelaufen. Nach der ersten Meile bist du high. Kein LSD kann dir das geben. Du gehörst nicht mehr zur Menschheit; du gehörst zum Universum. Und dieses Gefühl stellt sich so regelmäßig ein, dass du dich nach zwei, drei Monaten darauf verlassen kannst – es wird jeden Tag geschehen. Es dauert nur etwa drei Monate.

Wenn das Laufen deinen tiefsten Kern erreicht und der Jäger in dir – den du noch in den Gehirnzellen trägst und der nur wieder zum Leben erweckt werden muss –, wenn dieser Jäger wieder lebendig wird, dann wirst du eine ungeheure Freude erleben. Und in dieser Freude verschwindet alle Angst, in dieser Freude verschwindet alle Wut, und die Liebe beginnt zu fließen.

Was deinem Wachstum gut tut

Je zivilisierter ein Mensch ist, desto weniger lebendig ist er. Damit will ich nicht sagen, dass du unzivilisiert sein sollst, dass du die Regeln und Abmachungen der Gesellschaft brechen sollst, aber denke innerlich daran, dass die Zivilisation und die Gesellschaft samt ihren Regeln und Übereinkünften nur ein Spiel sind. Verliere nie die Verbindung mit der Wildheit in deinem Inneren. Wenn du die Augen schließt, dann sei einfach wild. Wenn du allein in deinem Zimmer bist, sei einfach wild und ungezähmt. Singe, tanze und mache alles, ohne dabei an andere zu denken.

Ein Mensch, der ständig auf andere Rücksicht nimmt, kann nicht wachsen. Wenn du draußen unter Menschen bist, dann berücksichtige sie, aber sei dir bewusst, dass diese Regeln keine Gebote sind. Sie haben nichts mit der Wahrheit zu tun – es sind einfach praktische Regeln. Natürlich muss man sich auf der Straße daran halten rechts zu fahren oder links zu fahren; das muss so sein. Aber links zu fahren hat nichts mit der Wahrheit oder mit ewigen Werten zu tun. Es ist nur eine Spielregel. Wenn du auf der Straße fahren willst, musst du die Regeln befolgen. Aber wenn du allein in deinem Zimmer bist und meditierst, dann brauchst du nicht links zu gehen, dann kannst du mittendrin herumrennen. Du kannst alles vergessen, was die

Gesellschaft dir aufgezwungen hat. Das wird deinem Wachstum gut tun.

Und immer wenn du Zeit hast, gehe in den Wald, gehe ans Meer. Den wilden Ozean zu beobachten ist wunderschön, Schwimmen ist schön ... Surfen ist schön ... in die Berge gehen ist wunderbar. Sei immer öfter mit dem Nicht-Menschlichen in Verbindung, dann wirst du über das Menschliche hinausgehen können. Bleibe nicht auf die menschliche Welt beschränkt.

Auf beiden Seiten des Menschlichen öffnet sich eine andere Welt. Auf der einen Seite ist die Welt des Nicht-Menschlichen: die Bäume, die Vögel, die Flüsse, die Berge, die Sterne; auf der anderen Seite ist das Übermenschliche – die Welt des Göttlichen. Vielleicht ist es in diesem Moment zu schwierig, das Göttliche zu erfahren, aber du kannst aus der menschlichen Welt heraustreten und Teil der nicht-menschlichen Existenz werden. Das wird dir den Schlüssel geben, wie man über das Menschliche hinausgehen kann. Der gleiche Schlüssel funktioniert in beide Richtungen. Wenn du einmal erfahren hast, dass man die menschlichen Grenzen überschreiten kann, dann weißt du, wo die Grenzen sind und wie man sie überschreitet. Nach und nach bekommst du Übung.

Deine Sinne zurückgewinnen

Erlaube dir, mehr und mehr zu fühlen. Gestatte dem Körper alle Sensibilität, zu der er fähig ist. Hol sie dir zurück, nimm sie wieder in Anspruch und lass zu, dass der Körper sich verändert, damit du ihn fühlen kannst.

Manchmal kannst du zum Beispiel die Augen schließen und dich auf die Erde legen ... Spür die Erde mit deinem Körper.

Denk nicht darüber nach – fühl sie. Geh zum Fluss und leg dich ins Wasser oder auf den Sand. Oder leg dich einfach in die Sonne und spüre dich. Werde sinnlicher, werde empfindsamer! Bald wirst du merken, wie tot dein Körper sich an vielen Stellen anfühlt. Werde lebendig – wie ein schlafender Löwe, der wieder zum Leben erwacht und sich räkelt und streckt ... Genauso wird es sich anfühlen: als ob etwas zu neuem Leben erwacht. Es ist fast wie eine Auferstehung.

Berühre, rieche, schmecke, schaue, höre – so total wie nur möglich. Du wirst diese Sprache wieder lernen müssen, denn die Gesellschaft hat dich betrogen. Sie hat dich vergessen lassen. Jedes Kind wird mit wunderbaren Sinnen geboren. Beobachte einmal ein Kind. Wenn es etwas anschaut, geht es völlig darin auf. Wenn es mit seinen Spielsachen spielt, geht es völlig darin auf. Wenn es schaut, wird es ganz Auge. Sieh dir die Augen eines Kindes an. Wenn es hört, wird es ganz Ohr. Wenn es etwas isst, dann ist es mit all seinen Sinnen Zunge. Es wird zu einem einzigen Schmecken. Schau einem Kind zu, wenn es einen Apfel isst – mit welchem Genuss, mit was für einer Energie. Schau einem Kind zu, wenn es im Garten einem Schmetterling hinterherrennt ... es geht so darin auf, dass selbst Gott es nicht ablenken könnte. So ein meditativer Zustand – und ohne jede Mühe, ohne Anstrengung. Schau einem Kind zu, das Muscheln am Strand sucht, als ob es Diamanten wären. Alles ist kostbar, wenn die Sinne lebendig sind, alles ist klar, wenn die Sinne lebendig sind.

Später im Leben wird dasselbe Kind die Wirklichkeit so wahrnehmen, als wäre sie hinter einer abgedunkelten Scheibe verborgen. Viel Rauch und Staub haben sich auf dem Glas niedergeschlagen, und du hast dich dahinter versteckt. Du guckst, und alles sieht dumpf und tot aus. Du betrachtest einen Baum, und der Baum sieht glanzlos aus, weil deine Augen stumpf sind. Du hörst ein Lied, und es spricht dich nicht an, weil deine Ohren abgestumpft sind. Versuche, deine vergessene Sprache zurückzugewinnen.

Berühre die Menschen mehr. Wir sind voller Berührungsängste. Wenn jemand mit dir spricht und dir zu nahe kommt, weichst du zurück. Wir schützen unser Territorium. Wir berühren niemanden und erlauben auch anderen nicht, uns zu berühren; wir halten uns nicht an den Händen, wir umarmen uns nicht. Wir freuen uns nicht aneinander.

Geh zu einem Baum und berühre ihn. Berühre den Felsen. Geh zum Fluss und lass den Fluss durch deine Hände rinnen. Fühle ihn! Schwimme und spüre das Wasser so, wie der Fisch es spürt. Lass keine Gelegenheit aus, deine Sinne wiederzubeleben. Und es gibt jeden Tag tausendundeine Gelegenheit. Du brauchst dir nicht extra Zeit dafür zu nehmen. Der ganze Tag ist ein Sensitivitätstraining. Nutze alle Möglichkeiten. Wenn du duschst, nutze die Gelegenheit und spüre wie sich das Wasser anfühlt, das dir über die Haut rinnt. Lege dich auf den Boden und spüre die Erde. Lege dich an den Strand und fühle den Sand. Lausche dem Klang des Sandes, lausche dem Klang des Meeres. Nutze jede Gelegenheit – nur so kannst du die Sprache der Sinne wieder lernen. Befreie deine Sinne von Gewohnheiten: Gewohnheiten sind eine der Ursachen für deine Abgestumpftheit. Suche nach neuen Wegen.

Die Schönheit hinter der Form

Schönheit ist etwas Wildes, denn Schönheit ist niemals kultiviert. Sobald du sie kultivierst, ist sie hässlich. Es ist unmöglich, Schönheit zu kultivieren.

Schönheit kann von ihrem Wesen her nur wild sein, weil sie Teil der Natur ist. Sie ist nicht gezüchtet, sie ist natürlich. Deshalb sind die Bäume schön, die Tiere schön, die Vögel schön. Es ist unmöglich, einen hässlichen Vogel zu finden oder ein hässliches Reh zu finden. Die Natur ist von sich aus schön. Nur der Mensch wird hässlich. Und das Dilemma ist, dass nur der Mensch versucht, schön zu sein. Allein durch den Versuch schön zu sein, findet das Hässliche Einlass. Allein die Idee, schön sein zu wollen, zeigt, dass du dich hässlich findest. Eins ist sicher: Ein Mensch, der versucht, schön zu sein, hat seine Minderwertigkeit, seine Hässlichkeit, seine Wertlosigkeit akzeptiert. Jetzt versucht er diese zu verbergen, zu übertünchen, zu verbessern. Der Mensch ist das einzige Tier, das versucht, schön zu sein, und er ist das einzige Tier, das hässlich ist.

Denke also im Leben als erstes daran: Je näher du der Natur bist, ihrem unkultivierten Aspekt – dem wilden Ozean oder den wilden Bergen oder dem Urwald –, desto schöner bist du. In Schönheit ist Freude. Und aus Schönheit entspringt Liebe, aus Schönheit gehen Ausdruck und Kreativität hervor.

Schönheit gehört dem Wilden an, sie gehört dem Unermesslichen an. So, wie der Ozean wild und unermesslich ist – du kannst das andere Ufer nicht sehen – so kannst du auch nicht das andere Ufer von Schönheit sehen. Du kannst sie spüren, aber du kannst sie nicht greifen. Du kannst sie nicht in deinen Händen halten. Du kannst sie leben, du kannst sie genießen, du kannst tief in sie eintauchen, doch du wirst nie in der Lage sein, sie zu ergründen. Sie ist unergründlich. Sie ist unermesslich. Schönheit ist ozeanisch, unendlich riesig. Schönheit hat Tiefe, so, wie das Meer – je tiefer sie ist, desto göttlicher ist sie. Tiefe ist die Dimension des Göttlichen. Ein zivilisierter Mensch lebt an der Oberfläche; er ist ein Schwimmer, kein Taucher. Er weiß genau, wie er sich an der Peripherie zu verhalten hat; er kennt die

Peripherie sehr gut – die Wege und Mittel, das Benehmen, die Etikette und all das. Direkt darunter ist unendliche Tiefe, aber die bleibt ihm verborgen. Schönheit kommt aus der Tiefe; je tiefer du reichst, desto schöner wirst du.

Koste das Leben in all seinen Nuancen

Ihr nehmt praktisch nur durch die Augen Verbindung mit der Welt auf – zu achtzig Prozent, wie es heißt. Psychologen, die sich mit den Augen befasst haben, behaupten, dass sich unser Kontakt mit der Welt zu achtzig Prozent über die Augen abspielt. Achtzig Prozent eures Lebens spielen sich über die Augen ab.

Deshalb bekommt ihr immer Mitleid, wenn ihr einem Blinden begegnet. Wenn ihr einen Tauben seht, empfindet ihr nie so viel Mitgefühl; aber wenn ihr einen Blinden seht, empfindet ihr unwillkürlich Mitgefühl und Anteilnahme. Warum? Weil er zu achtzig Prozent unlebendig ist. Ein tauber Mensch ist nicht annähernd so unlebendig. Durch eure Augen strömen achtzig Prozent eurer Energie nach außen. Der Weg in die Welt führt durch die Augen. Wenn ihr also ermüdet, fängt das immer bei den Augen an. Später werden andere Körperteile in Mitleidenschaft gezogen, aber zunächst versiegt die Energie in den Augen.

In einer natürlichen Umgebung werdet ihr niemals so müde wie in einer unnatürlichen Großstadt; denn in einer natürlichen Umgebung bekommen eure Augen immerzu Nahrung. All das Grün, die frische Luft ... alles trägt dazu bei, eure Augen zu entspannen und zu nähren. In einer modernen Stadt werden eure Augen von allen Seiten ausgesogen, nichts nährt sie.

Geht in ein abgelegenes Dorf oder auf einen Berg, wo es weit und breit nichts Unnatürliches gibt, wo alles noch ursprünglich ist, und ihr werdet sehen, dass die Menschen dort eine völlig andere Art von Augen haben. Was für ein Funkeln, was für eine Ausstrahlung – frisch wie bei den Tieren, eindringlich, lebendig, tanzend.

In einer modernen Großstadt sind die Augen wie tot, sie fristen ihr Leben nur noch auf Sparflamme. Sie wissen nichts von Lebensfreude. Diese Augen merken nicht, dass das Leben aus ihnen abfließt, dass sie nur ausgenommen werden. Achtzig Prozent eurer Energie fließt durch die Augen ab. Also müsst ihr euch dessen sehr bewusst sein und lernen, wie ihr mit diesem Zustand, mit dieser Energie umgehen könnt.

Werde immer sinnlicher, dann wirst du lebendig. Aber deine Religion hat dich genau das Gegenteil gelehrt: Sie lehrt dich, den Körper abzutöten, sie lehrt dich, den Körper immer unsensibler zu machen. Das ist ein billiger Trick: Lass deinen Körper erkalten, damit du eine gewisse Distanziertheit vortäuschen kannst, damit du sagen kannst: „Mich kann nichts berühren." Wenn du einen abgestumpften und toten Körper mit dir herumträgst, berührt dich natürlich nichts, aber das ist kein Wachstum.

Wirkliches Wachstum bedeutet, dass du offen bist, verletzlich, dass du von allem berührt wirst und dennoch unberührt bleibst. Du bist mitten in der Situation und doch nicht Teil von ihr. Du spürst überall das Äußere, und dennoch vergisst du nie dein Zentrum. Sinnlichkeit bedeutet, dass du offen bist, dass deine Türen offen sind und du bereit bist, den Pulsschlag der Existenz in dir zu spüren. Wenn ein Vogel zu singen anfängt, fühlt ein sinnlicher Mensch sofort das Echo dieses Gesangs im Innersten seiner Seele. Ein abgestumpfter Mensch wird es gar nicht hören – oder höchstens als irgendein Geräusch; es dringt nicht bis in sein Herz. Eine Nachtigall singt, und wenn deine Sinne offen sind, wird es sich anfühlen, als käme ihr Ruf nicht aus dem fernen Wald, sondern aus der Tiefe deiner eigenen Seele. Es ist wie dein eigener Ruf, deine eigene Sehnsucht nach dem Göttlichen, deine eigene Sehnsucht nach dem Geliebten.

In diesem Moment werden der Beobachter und das Beobachtete eins. Wenn du sinnlich bist und eine schöne Blume blühen siehst, wirst du mit ihr blühen. Bei ihrem Anblick wirst du selbst zur Blüte.

Ein sinnlicher Mensch ist wie ein Fließen – flüssig, wandelbar, im Fluss. Er wird selbst zu jeder Erfahrung, die er macht. Wenn er einen Sonnenuntergang sieht, wird er selbst zum Sonnenuntergang. Wenn er die Nacht sieht, die dunkle Nacht mit ihrer wunderbaren dunklen Stille, wird er selbst zur Dunkelheit. Und am Morgen wird er zum Licht.

Er ist die ganze Fülle des Lebens. Er kostet das Leben in all seinen Nuancen. Das macht ihn reich – das ist wahrer Reichtum. Wenn er Musik hört wird er zur Musik. Wenn er dem Klang des Wassers lauscht, wird er zu diesem Klang. Und wenn der Wind durch den Bambushain streicht und die Bambusstämme knacken, dann ist er nicht weit weg, sondern mitten unter ihnen, er ist einer von ihnen, er ist selbst ein Bambus.

Sinnlich zu sein bedeutet, empfänglich zu sein für die Geheimnisse des Lebens. Werde immer sinnlicher und verurteile es nicht. Lass deinen Körper zu einer Tür werden.

Es ist sehr erfüllend, manchmal am Strand nackt zu sein, auf dem Sand in der Sonne zu liegen und den Sand und die Sonne mit dem ganzen Körper zu fühlen. Manchmal ist es wunderschön, nackt unter den Sternen zu tanzen, und wieder den Rhythmus des Kosmos zu spüren, die kosmische Schwingung, die dich umgibt. Doch wir haben eine Welt geschaffen, die ganz aus Plastik ist. Wir sind nicht von der Natur umgeben, sondern von synthetischer Kleidung. Wir leben nicht mit den Bäumen, sondern in riesigen, hässlichen Betongebäuden. Wir gehen nicht über den Erdboden, sondern auf asphaltierten, betonierten Straßen. Wir haben eine eigene Welt um uns herum erschaffen und haben uns von der Natur abgeschnitten. Sei wieder verwurzelt. Die Zukunft der Menschheit wird davon abhängen, dass wir die Natur in unser Leben zurückbringen. An einem Fluss zu sitzen ist etwas vollkommen anderes, als in einem Schwimmbad zu sitzen. Das Schwimmbecken hat kein eigenes Leben, es fließt nicht; es ist langweilig und tot. In den Bergen bist du in einer ganz anderen Welt. Dort in den Bergen, an den Flüssen, unter den Bäumen wirst du Buddha, Pythagoras oder mich viel besser verstehen können.

Wir können nur mit der Natur glücklich
leben, nicht gegen die Natur.
In dem Moment,
in dem wir uns gegen die Natur wenden,
wird unsere Energie der Liebe zu Hass.
Wenn wir ganz harmonisch mit der Natur mitfließen,
dann wächst und reift unsere Liebe,
dann kann sie mehr integriert werden.
Und das Heranreifen der Liebe
ist das größte Geschenk des Lebens.

5. Machtkampf oder eine Liebesgeschichte mit der Existenz

WISSENSCHAFT IST WISSEN OHNE LIEBE UND DARIN LIEGT IHRE Gefahr. Weil sie Wissen ohne Liebe ist, steht sie im Dienst des Todes und nie im Dienst des Lebens. Daher führt der gesamte wissenschaftliche Fortschritt den Menschen zum globalen Selbstmord. Eines Tages, wenn der Mensch Selbstmord begangen hat, nach dem Dritten Weltkrieg, werden die Kakerlaken denken: Wir sind die Stärkeren. Irgendein Darwin, ein Kakerlaken-Darwin wird beweisen: Wir sind die Stärksten, weil wir überlebensfähig sind. Der Stärkere überlebt. Der Mensch hat Selbstmord begangen, er hat sich selbst zerstört. Wissen ohne Liebe ist gefährlich, weil es in der Wurzel vergiftet ist.

Die Liebe sorgt für ein Gleichgewicht, sie sorgt dafür, dass das Wissen nicht zu weit geht und womöglich destruktiv wird. Wissenschaft ist Wissen ohne Liebe, das ist die Gefahr. Doch es ist ein gültiger Ansatz: Um das Objekt, die Materie, zu erkennen, braucht man keine Liebe, das ist nicht nötig. Aber das Leben besteht nicht nur aus Materie. Das Leben ist von etwas ungeheuer Transzendentem durchdrungen. Dieses Transzendente entgeht ihnen. Und dann wird die Wissenschaft allmählich zu einer Technologie, sie wird mechanisch. Sie wird immer mehr zu einer Methode, um die Natur auszubeuten, die Natur zu manipulieren. Die Wissenschaft hat sich von Anfang an die Frage gestellt: Wie kann man die Natur erobern? Was für eine absurde Idee. Wir sind nicht von der Natur getrennt; wie könnten wir sie erobern? Wir sind die Natur. Wer erobert da wen? Es ist absurd. Durch diese Absurdität hat die Wissenschaft viel zerstört; die ganze Natur ist zerstört, das Klima ist vergiftet, die Luft, das Wasser, die Meere, alles ist verschmutzt. Die gesamte Harmonie stirbt, die Ökologie wird immer mehr zerstört. Bitte denkt daran: Genug ist genug, mehr als genug.

Doch der Westen ist von Technologie besessen. Es scheint, als habe die Technologie über die Natur gewonnen; wir sind mächtiger geworden. Aber diese Idee ist sehr trügerisch, wir sind nicht mächtiger geworden. Wir werden jeden Tag schwächer, weil die natürlichen Ressourcen sich erschöpfen. Früher oder später wird die Erde ausgelaugt sein, sie wird nichts mehr hervorbringen. Wir werden nicht stärker; wir werden von Tag zu Tag schwächer. Wir liegen praktisch auf dem Totenbett. Wenn die Menschheit sich der Natur gegenüber weiterhin so verhält, kann sie nicht länger als fünfzig oder sechzig Jahre, allerhöchstens hundert Jahre überleben – und das ist nicht viel. Wenn der Dritte Weltkrieg uns nicht zuvorkommt, werden wir einen langsamen Selbstmord begehen. Innerhalb von hundert Jahren werden wir verschwunden sein. Nicht eine Spur wird übrig bleiben. Und der Mensch ist nicht das erste Wesen, das verschwunden ist. Viele andere Tiere, sehr starke Tiere sind von der Erde verschwunden. Sie streiften umher, sie waren die Könige der Erde, größer als Elefanten. Es gibt sie nirgends mehr. Sie dachten, sei seien sehr mächtig geworden. Sie waren enorm groß und hatten ungeheure Energie, doch dann konnte die Erde sie nicht mehr ernähren. Sie wurden immer größer und es kam der Moment, wo die Erde ihnen nicht mehr genug Nahrung bieten konnte. Sie mussten sterben. Genauso ist es mit dem Menschen. Auch der Mensch denkt, er werde immer mächtiger. Er kann auf den Mond fliegen, aber er zerstört die Erde. Er zerstört jede Möglichkeit für künftiges Leben.

In die falschen Hände geraten

Alles Menschliche verschwindet, und alles Unmenschliche wird immer mächtiger und beherrschender. Der Mensch wird zur Maschine reduziert und mechanische Werte beherrschen uns immer mehr. Der Künstler wird nicht respektiert, dafür aber der Techniker. Man liebt keine Gedichte mehr, dafür aber gute Klempnerarbeit. Der Tänzer steht nicht mehr im Mittelpunkt des Lebens, sondern der Geschäftsmann, der Bürokrat und der Politiker. Alles, was schön ist, wird für den Menschen unwichtig, denn was schön ist, kann man nicht als Mittel zu einem Zweck benutzen. Was schön ist, ist sich selbst genug.

Man kann Gedichte im Krieg nicht brauchen, dort braucht man den Wissenschaftler, nicht den Dichter. Und man kann Musiker nicht auf dem Markt gebrauchen, dort braucht man Ökonomen. Dieses ganze Leben dreht sich um die falschen Dinge. Geld ist wichtiger als Meditation. Das ist eine völlig verdrehte Situation. Der Mensch steht auf dem Kopf!

Der Mensch liegt im Sterben und es ist ein sehr langsamer Tod. Und bedenke: Wenn der Tod sehr schnell ist, kannst du ihn vermeiden, denn er wird dir ganz intensiv bewusst. Wenn er ganz langsam kommt, wie ein schleichendes Gift ...

So raucht zum Beispiel jemand jeden Tag. Alle Experten sagen ständig, dass Rauchen gefährlich ist, dass es einen umbringt, aber er raucht weiter und es bringt ihn nicht um! Also kann man es ruhig auf jede Zigarettenpackung schreiben: „Rauchen ist gefährlich für die Gesundheit." „Rauchen ist lebensgefährlich." Wen kümmert es schon? Die Erfahrung lehrt uns schließlich etwas anderes. Du rauchst jeden Tag Dutzende von Zigaretten und du stirbst nicht, du bist immer noch nicht gestorben. Du glaubst deiner Erfahrung. Das Gift wirkt sehr langsam: Wenn jemand jeden Tag ein Dutzend Zigaretten raucht, wird es zwanzig Jahre dauern, bis das ganze System vergiftet ist. Zwanzig Jahre sind schließlich eine lange Zeit und der Mensch kann nicht so weit sehen –, er ist kurzsichtig. Die Welt wird ganz langsam vergiftet. Die Flüsse werden verschmutzt, die Meere werden verschmutzt, die Seen sterben. Die Natur wird zerstört. Wir beuten die Erde so sehr aus, dass wir früher oder später nicht mehr auf ihr leben können. Wir behandeln die Natur nicht gut.

Wir gehen vollkommen falsch mit ihr um, wir gehen destruktiv mit ihr um. Wir nehmen uns nur von der Erde und geben ihr nie etwas zurück. Wir beuten die Natur nur aus. Die Ökologie ist gestört; wir leben nicht mehr in einem vollkommenen Kreislauf.

Die Natur ist ein vollkommener Kreislauf: Wenn du mit der einen Hand nimmst und mit der anderen gibst, zerstörst du ihn nicht. Doch genau das tun wir ständig: Wir nehmen uns immer mehr und alle Ressourcen werden verbraucht. Diese Vergiftung geht jedoch ganz langsam vonstatten. Man kann sie nicht sehen, denn sie dauert sehr lange. Und dann häufen die Politiker auch noch immer mehr Atomwaffen an – immer mehr Atombomben, Wasserstoffbomben, Superwasserstoffbomben ..., als ob der Mensch beschlossen hätte, Selbstmord zu begehen. Diese Erde ist ein so schöner Planet, der in die falschen Hände geraten ist.

Macht

Das Streben nach Macht hat die Welt stark beeinflusst. Die Wissenschaft ist aus dem Streben nach Macht entstanden und sie hat Macht geschaffen. Aber diese Macht zerstört die Menschheit. Wir sind an einem Punkt angelangt, an dem Leute wie Albert Einstein zu dem Schluss kommen, ein Verbrechen gegen die

Menschheit begangen zu haben. Jemand fragte Albert Einstein in den letzten Tagen seines Lebens: „Wenn Sie noch einmal geboren würden, was würden Sie gerne werden?"

Er antwortete: „Nie wieder ein Physiker, niemals Wissenschaftler. Ich würde lieber Klempner werden."

Er war ein sehr empfindsamer und verständnisvoller Mensch. Erst zum Schluss wurde ihm klar, dass er so viel Energie freigesetzt hatte, und die Menschheit auf eine solch destruktive Gewalt, die Atomenergie, aufmerksam gemacht hatte. Wenn sich die Menschheit selbst zerstört, würde er einer der Hauptverantwortlichen sein.

Durch dieses Streben nach Macht ist die Ökologie der Erde zerstört worden. Sowohl außen als auch in unserem Innern ist der natürliche Rhythmus des Lebens zerstört.

Ich habe gehört: Eines Tages kam Friedrich der Große auf eine ungewöhnliche Idee. Er befand sich auf dem Land und beobachtete Spatzen, die Weizenkörner aufpickten. Nach einigem Nachdenken kam er zu der Überzeugung, dass diese kleinen Vögel im Lauf eines Jahres Millionen von Weizenkörnern in seinem Königreich verzehrten. Das konnte nicht geduldet werden. Sie mussten entweder eingefangen oder vernichtet werden. Weil es schwer war, sie auszurotten, setzte er auf jeden Spatzen einen Preis aus. Alle Preußen wurden zu Jägern, und schon bald gab es keine Spatzen mehr im Land.

Friedrich der Große war sehr erfreut. Er feierte das Ergebnis als einen großen Sieg über die Natur. Seine Freude dauerte bis zum nächsten Jahr, als er hörte, dass Raupen und Heuschrecken die gesamte Ernte verzehrt hatten, weil ohne die Spatzen das ganze Gleichgewicht der Natur zerstört war. Spatzen fressen Raupen und Heuschrecken. Als sie nicht mehr existierten, vernichteten die Raupen die gesamte Ernte. Nun musste man

Spatzen aus dem Ausland holen. Und der König sagte: „Ich habe einen Fehler gemacht. Gott weiß, was er tut."

Die großen Wissenschaftler dieses Jahrhunderts kommen immer mehr, wenn auch nur langsam und zögernd, zu der Erkenntnis, dass ein großer Fehler begangen wurde. Der Wunsch, mächtig zu sein, richtet sich gegen die Natur, weil es ein feindseliger Wunsch ist. Warum hast du es nötig, mächtig zu sein? Vielleicht willst du jemanden zerstören. Um zu zerstören braucht man Macht. Um zu herrschen braucht man Macht. Um zu erobern braucht man Macht.

Die Wissenschaft versucht, in die Natur vorzudringen, um mehr Macht zu bekommen. Außerdem gibt es viele Systeme, um in dein innerstes Wesen vorzudringen, aber auch hier ist das Ziel die Macht. Ob du nun auf dem wissenschaftlichen oder dem psychischen Gebiet mehr Macht bekommst, ist egal. In der westlichen Welt interessiert man sich heute für die Wissenschaften der Psyche und des Übersinnlichen, doch das Motiv ist dasselbe – mehr Macht.

Versuche also zuerst zu verstehen, warum der Mensch überhaupt nach Macht strebt. Es ist der Wunsch des Soldaten. Du willst Macht, weil du ohne Macht kein großes Ego haben kannst. Macht bedeutet Nahrung für das Ego. Du strebst nach Macht, weil du nur damit in der Lage bist zu sagen: „Ich bin." Je mehr Geld du hast, desto mehr Macht hast du, desto sicherer fühlst du dich mit deinem „Ich bin." Je mehr Menschen du zerstören kannst, desto unverwundbarer fühlst du dich.

Die Psychologen sagen heute, dass sich die Leute nur deshalb für Mord und Totschlag im Krieg interessieren, weil sie sich beim Töten sehr mächtig fühlen. Sie haben das Gefühl, Macht über den Tod zu haben. Sie denken, sie könnten den Tod bezwingen, indem sie andere töten. Tief im Innern haben sie dadurch ein Gefühl der Unsterblichkeit. Selbst der Tod ist unter ihrer Kontrolle. Es ist töricht, aber diese Vorstellung taucht auf. Menschen, die gern töten, haben Angst vor dem Tod. Das Streben nach Macht ist der Versuch, sich niemals zu ergeben, sich nicht hilflos zu fühlen, niemals die Kontrolle zu verlieren.

Der religiöse Mensch macht genau das Gegenteil. Er sucht nach einem Zustand, in dem nicht er, sondern das Ganze mächtig ist. Du kannst es Gott nennen oder das Höchste, du kannst es Existenz nennen oder wie immer du willst.

Ein religiöser Mensch möchte in so tiefer Harmonie leben, dass kein Konflikt mehr entsteht. Er sucht nach Liebe. Für ihn ist das Leben eine Liebesgeschichte mit dem Universum. Er fragt nicht nach Macht. Er fragt danach, wie man aus dem Zustand des Getrenntseins herauskommt, wie man verschmelzen kann. Er fragt: „Wie kann ich so voller Hingabe sein, dass ich mich nicht mehr gegen das Ganze auflehne oder mich davon trenne, sondern mit dem Fluss des Lebens mitfließen kann? Und wo immer der Fluss des Lebens hinführt, gehe ich auch hin."

Ehrgeiz

Ehrgeiz ist das schlimmste Gift, das es gibt. Er bringt alle anderen Gifte mit sich: Habgier, Gewalttätigkeit, Konkurrenzdenken, Kampf, ein ständiger Kriegszustand mit allen anderen. Er lässt dir keinen Raum, um die Liebe wachsen zu lassen, und dein wahres Wesen blüht nur mit der Liebe. Ehrgeiz ist gegen die Liebe. Alles, was gegen die Liebe ist, ist gegen dich, dein wirkliches Leben, deine wirkliche Bestimmung. Und nichts tötet die Liebe so sehr wie der Ehrgeiz. Ehrgeiz bedeutet, dass du den anderen voraus sein willst. Ehrgeiz beruht darauf, dass du einen Minderwertigkeitskomplex bekommen hast. Er erzeugt einen krankhaften Zustand, auf dem sich der Ehrgeiz aufbaut. Wenn du keinen Minderwertigkeitskomplex hast, der dich ganz und gar ausfüllt, kann der Ehrgeiz nicht funktionieren.

Deshalb muss jedes Kind innerlich so verletzt werden, dass es beginnt sich minderwertig zu fühlen: es glaubt, dass die anderen ihm überlegen sind, es sie übertreffen muss, sonst ist es ein Niemand. Jedem Kind wird beigebracht, sich in der Welt einen Namen zu machen, zu Ruhm und Ehre zu gelangen. Jedem Kind wird gesagt: „So, wie du bist, bist du nicht richtig. Du musst deinen Mut beweisen, du musst zu jemand werden". Als ob du noch niemand wärest!

Du wirst mit deinem eigenen Aroma geboren, mit deiner Einzigartigkeit, deiner Individualität. Niemand ist wie du, niemand ist jemals wie du gewesen und niemand wird jemals wie du sein. Aber diese Wahrheit wird dir verschwiegen. Man sagt dir: „Du musst es zu etwas bringen", als ob du nichts wärest. Also musst du etwas werden, musst in Konkurrenz gehen, um etwas zu werden. Und dann beginnt natürlich der Kampf, denn jedem wird gesagt, er soll es zu etwas bringen. Und natürlich kommt es zu einem Konkurrenzkampf bis aufs Messer. Jeder ist gegen jeden. Das Leben wird zum Krieg, zum andauernden Kriegszustand. In diesem Zustand haben Frieden, Liebe, Stille, Freude und Festlichkeit keinen Platz. Sie alle gehen verloren.

Bei einem großen Manöver der NATO-Streitkräfte in Europa hatten alle Länder ziemlich nah beieinander liegende, getrennte Lager. Eines Tages erhielt das britische Lager vom amerikanischen Lager die folgende Botschaft: „Bitte schickt uns drei Dutzend Kondome rüber, wir haben keine mehr auf Lager. Größe: 30 cm lang und 8 cm dick." Die Botschaft wurde dem befehlshabenden Offizier überbracht, der nicht wusste, was er damit machen sollte. Deshalb ließ er den Aufklärungsoffizier kommen. „Das ist eine Prestigeangelegenheit, mein Alter, tun Sie etwas!"

Nach einer Stunde kam der Aufklärungsoffizier wieder: „Alles erledigt, Sir. Die Motorwerkstatt macht etwas aus alten Schläuchen und die Siebdruckabteilung kümmert sich um die letzten Feinheiten."

„Was sind die letzten Feinheiten?" fragte der befehlshabende Offizier.

„Nun Sir," antwortete der Aufklärungsoffizier, „auf der Packung steht: Kondome, made in England, Größe: Medium."

Diese Dummheit – so ist es mit allem! Aber so werden wir erzogen. Unser ganzes Ausbildungssystem steht auf dieser Grundlage – und wir glauben, wir schaffen Intelligenz! Wenn diese Dummheit die Grundlage unseres Bildungssystems ist, wie können wir damit Intelligenz erschaffen? Ein intelligenter Mensch ist einer, der erkennt, dass Konkurrenzkampf nicht nötig ist. „Ich bin ich und du bist du. Ich brauche nicht wie du zu sein. Du brauchst nicht wie ich zu sein." Eine Rose ist eine Rose ist eine Rose – sie hat es nicht nötig, ein Lotus zu sein. Der Lotus braucht nicht beunruhigt zu sein, er muss sich keine Sorgen machen, wie er eine Rose wird. Die ganze Natur ist im tiefen Frieden, einfach weil sie nicht vom Konkurrenzdenken vergiftet ist. Es gibt gar keinen Konkurrenzkampf.

Wenn du allen Ehrgeiz aufgibst, setzt ein völlig neuer Prozess ein: Dein natürliches Wachstum gewinnt die Oberhand. Dann konkurrierst du nicht mit anderen, sondern entwickelst dich einfach jeden Augenblick innerlich weiter, ohne dich zu vergleichen. Wenn du Musik machst und sie in diesem Moment schön ist, dann wird sie im nächsten Moment noch schöner sein, denn aus diesem Moment wird der nächste Moment geboren –

woher soll er sonst kommen? Im nächsten Moment wird die Musik noch tiefer aus dir emporsteigen und so geht es weiter. Du brauchst nicht mit anderen Musikern zu konkurrieren.

Tatsächlich wird deine innere Musik niemals wachsen, wenn du andere Musiker als Konkurrenz siehst. Du lernst vielleicht Tricks, Strategien und Techniken, wie du sie übertrumpfen kannst, wie du ihnen voraus sein kannst – ob mit lauteren oder unlauteren Mitteln, denn Konkurrenzdenken ist so blind, dass es ihm egal ist, was richtig oder falsch ist.

Konkurrenzdenken ist der Glaube, dass alles, was erfolgreich ist, auch richtig ist, und dass alles, was keinen Erfolg hat, falsch ist. Das ist das einzige Kriterium für den Ehrgeiz: Der Zweck heiligt die Mittel. Wenn du nicht ehrgeizig bist, kommst du gar nicht auf den Gedanken, über andere nachzudenken. Du wächst einfach von selbst. Du bist tiefer mit der Natur verwurzelt. Es geht nicht darum, dass andere Bäume tiefere Wurzeln als du haben und du deshalb tiefer gehen musst. Du gehst tiefer, weil es dich selbst nährt, du gehst tiefer, weil es dich bereichert, du gehst tiefer, weil deine Äste dann höher hinauswachsen können. Nur wenn deine Wurzeln tiefer gehen, können die Äste höher hinaufreichen – doch das hat nichts mit anderen zu tun. Andere werden so akzeptiert, wie sie sind.

Habgier

Du bist erfüllt, wenn du mit dem Universum in Harmonie bist. Wenn du nicht mit dem Universum in Harmonie bist, fühlst du dich leer, völlig leer. Und aus dieser Leere entsteht die Habgier. Die Habgier dient dazu, diese Leere zu füllen – mit Geld, Häusern, Möbeln, mit Freunden, Liebhabern, mit allem Möglichen, weil du so leer nicht leben kannst. Das ist furchtbar, es ist ein Geisterleben. Wenn du leer und von nichts erfüllt bist, ist das Leben unmöglich.

Um ein Gefühl innerer Fülle zu haben, gibt es nur zwei Möglichkeiten: Entweder kannst du versuchen, in Harmonie mit dem Universum zu sein, dann bist du erfüllt vom Ganzen – von all den Blumen und all den Sternen. Sie sind in dir und außerhalb von dir. Das ist die wahre Erfüllung. Versuchst du das aber nicht – und Millionen von Menschen versuchen es nicht –, dann ist es am leichtesten, die Leere mit wertlosen Dingen zu füllen.

Habgier bedeutet einfach, dass du eine tiefe Leere in dir fühlst und sie mit irgendetwas füllen willst – egal was es ist. Wenn du das einmal verstanden hast, brauchst du nichts gegen deine Habgier zu unternehmen. Du musst nur etwas tun, um mit dem Ganzen in Einklang zu sein, dann verschwindet die innere Leere. Und mit dem Verschwinden der Leere verschwindet auch die Habgier.

Das heißt aber nicht, dass du anfängst, nackt zu leben. Es heißt nur, dass du nicht mehr dafür lebst, lediglich Dinge anzuhäufen. Immer wenn du etwas brauchst, kannst du es dir besorgen. Es gibt Verrückte auf der ganzen Welt, die alles Mögliche sammeln. Viele häufen Geld an, obwohl sie es nie verwenden. Das ist sonderbar. Die Dinge sind dazu da, dass man sie verwendet. Wenn man sie nicht verwendet, braucht man sie nicht.

Diese Situation kann alle möglichen Formen annehmen. Die Leute essen, auch wenn sie keinen Hunger haben; trotzdem stopfen sie ständig etwas in sich hinein. Sie wissen, dass es ihnen Probleme bringt, dass es sie krank macht, dass es sie dick macht – aber sie können nicht anders. So zu essen ist ebenfalls ein Versuch, die Leere zu füllen, aber sie verschwindet nie. Sie bleibt leer und du bleibst unglücklich, denn es ist nie genug. Immer ist noch mehr nötig und dieses „Mehr" und das Verlangen danach gehen endlos weiter. Ich verstehe Habgier als eine existentielle Krankheit: Du bist nicht im Einklang mit dem Ganzen. Aber nur wenn du mit dem Ganzen in Einklang bist, kannst du gesund und heil werden. Wenn du mit dem Ganzen in Einklang bist, kann es dich sogar heilig machen. Interessanterweise stammen die Worte „heil" und „heilig" aus derselben Wurzel; sie bedeuten „ganz" zu sein. Wenn du dich eins fühlst mit dem Ganzen, verschwindet die Habgier. Deshalb brauchst du nichts dagegen zu tun, verstehe einfach, welche Leere du damit zu füllen versuchst. Frage dich: „Warum bin ich jetzt leer? Die ganze Existenz ist eine solche Fülle – warum bin ich leer? Vielleicht habe ich den Anschluss verloren und bewege mich nicht mehr in die richtige Richtung. Ich bin dem Ganzen nicht mehr nahe. Das ist der Grund für meine Leere."

Verbinde dich mit der Existenz. Lass los und komme der Existenz durch Stille, Frieden und Meditation näher. Dann wirst du eines Tages merken, dass du erfüllt bist – übervoll und überfließend vor Freude, Glückseligkeit, Gnade. Du hast so viel davon, dass du es mit der ganzen Existenz teilen kannst und es sich dennoch nicht erschöpft. Dann wirst du zum ersten Mal keine Habgier mehr empfinden – nach Geld, nach Essen, nach Dingen oder sonst etwas. Du wirst leben, aber nicht mehr mit dieser ständigen Habgier, die nie befriedigt werden kann, mit einer Wunde, die nicht heilen kann. Du wirst auf natürliche Weise leben, und alles, was du brauchst, wirst du bekommen.

Harmonie innen und außen

Das Ewige können nur frohe Menschen, nur liebende Menschen, nur mitfühlende und stille Menschen finden. Nicht Menschen, die gegen das Leben sind; sie können niemals die Quelle finden. Es ist so einfach. Wenn du gegen das Leben bist, was alle Religionen und alle Militärs sind, wie kannst du dann tiefer ins Leben hineingehen, um deine Quelle, deine Wurzeln im Kosmos zu finden?

Die Menschen sollen lebensbejahend und nicht zerstörerisch sein. Sie müssen auf ihre eigene, einfache Weise kreativ sein. Vielleicht schreiben sie Gedichte, machen Musik und tanzen, vielleicht legen sie einen kleinen Garten mit Blumen an. Sie müssen ihren Buddha im Innern finden. Je mehr Menschen den Buddha in ihrem innersten Sein finden, desto sicherer ist dieser wunderschöne Planet Erde.

Die Wissenschaftler schätzen, dass es in diesem Universum einige Planeten geben könnte, auf denen Leben existiert. Aber das ist nur eine Vermutung, es gibt keine soliden Beweise. In diesem riesigen Universum ist nur diese kleine Erde mit Leben erfüllt. Das ganze Universum ist praktisch tot. Auf keinem anderen Planeten oder irgendeinem Stern hat man Grün oder einen Fluss gefunden. Es gibt keine Berge, keine dichten Wälder. Da fliegt kein Vogel am Himmel, kein Kuckuck singt seine Lieder, kein Pfau tanzt mit farbenprächtigen Federn. Nirgendwo im ganzen Universum gibt es Anzeichen von menschlichen Wesen.

Das ist das Wunderbare dieses Planeten. Er ist ein sehr kleiner Planet, aber seltsamerweise voll ungeheurer Pracht und Herrlichkeit. Es ist ein Wunder! Im ganzen Universum gibt es nur auf dieser Erde grünes Laub, nur auf dieser Erde Menschen. Nur diese Erde bietet Menschen die Möglichkeit, zu den höchsten Gipfeln aufzusteigen und Buddhas zu werden. Das ist unsere einzige Sicherheit, ansonsten werden die Religionen und die Armeen den einzigen Ort zerstören, wo Leben existiert, wo Bewusstsein entstanden ist, wo einige wenige Menschen die Ewigkeit berührt haben, wo sie zum eigentlichen Zentrum der

Existenz gelangt sind und den höchsten Sinn des Lebens gefunden haben.

Es geht nicht nur darum, dass fünf Billionen Menschen sterben könnten. Es geht darum, dass das Leben, das Bewusstsein im gesamten Universum ausgelöscht wird. Das ist ein ungeheuer großes Problem. Wir sind für diese große Aufgabe verantwortlich. Eure Meditation dient nicht nur euch selbst. Sie erzeugt ein bestimmtes Klima auf der ganzen Welt, das den Menschen hilft, kreativer, lebensbejahender, gesünder, mehr in der Gegenwart und mehr im Einklang mit der Existenz zu sein.

Es gibt in Japan einen Bauern, der noch nie irgendwelche wissenschaftlichen Techniken für die Landwirtschaft benutzt hat. Er nennt es „Nicht-Anbau". Er hält sich an das Zen-Prinzip der mühelosen Mühe. Seine Anbauart ist einfach eine Fortführung seines meditativen Bewusstseinszustands. Er hat Harmonie in sich selbst gefunden und hat Harmonie mit der Natur gefunden. Hast du einmal Harmonie in dir selbst gefunden, dann ist es nicht schwer, in Harmonie mit der Natur zu sein. Du bist ein Teil der Natur. Du bist die Natur. Die Natur ist das größere Du; du bist die kleinere Natur. Es gibt keinen Unterschied; es gibt keine Trennlinie.

Er hat diese Einsicht auf den landwirtschaftlichen Anbau angewandt, ohne irgendwelche technischen Hilfsmittel einzusetzen. Fünfundzwanzig Jahre lang hatte er die höchsten Ernteerträge in ganz Japan, während die anderen alle Hilfsmittel benutzten. Damit hat er den Menschen wirklich einen harten Schlag versetzt: Seine geringe Mühe war überhaupt nicht gering. Er hat damit auf eine vollkommen andere Haltung dem Leben gegenüber hingewiesen. Du kannst das Gleiche tun – im Garten, mit allem, was nicht von Menschenhand gemacht ist, was nicht vom Verstand des Menschen produziert wird, sondern zum natürlichen Wachstum gehört, kann man es tun. Doch zuerst musst du in einem bestimmten Bewusstseinszustand sein, sonst wird es dir nicht gelingen, auch nicht beim Anbau.

Glaubt ihr, dass die ganze Welt der Tatsache gegenüber blind gewesen ist, dass dieser merkwürdige Landwirt fünfundzwanzig Jahre lang alle übertroffen hat – trotz aller Techniken, Düngemittel und chemischer Hilfsmittel? Nein, viele andere haben es bestimmt auch ausprobiert, aber nichts ist geschehen, weil es gar keine Frage des Anbaus ist; die eigentliche Ursache liegt in der Einstellung des Landwirts selbst. Er muss zuerst mit der Natur in Einklang kommen, er muss die Brücke schlagen zwischen sich und der Natur. Das kann man nicht sehen. Man kann nur sehen, wie seine Pflanzen höher wachsen als die von anderen, dass sie kräftiger werden als die von anderen, aber kann nicht sehen, dass es etwas Unsichtbares gibt, die Ursache für das ganze Phänomen. Warum setzen die anderen japanischen Bauern sonst nicht dieselbe Methode ein, anstatt Geld für Technologie auszugeben? Doch sie können es nicht, denn der wesentliche Punkt sind nicht die Ernteerträge, sondern das Bewusstsein.

Der Landwirt ist mit der Natur so eine stille Verschmelzung eingegangen, so eine stille Begegnung in Liebe, so eine orgastische Vereinigung, dass es nicht die Natur ist, die wächst, sondern er selbst wächst. Es gibt keinen Landwirt mehr und auch keine Landwirtschaft. Es gibt nur eine stille Vereinigung und keine Trennung mehr zwischen dem, der tut, und dem, was er tut – beide sind eins, vollkommen eins. In ihrem vollkommenen Einssein geschieht das Wunder.

Ein solches Wunder kann auf der ganzen Welt geschehen, besonders soweit es die natürliche Existenz betrifft. Doch mit künstlich hergestellten Dingen wird es nichts nützen, denn sie sind tot. Mit einer toten Sache kann man sich nicht vereinigen.

Die Existenz ist lebendig, sie pulsiert. Du musst einfach mit ihr in denselben Rhythmus fallen. Wenn du im selben Rhythmus schwingst, sind Wunder möglich. Und wenn dies in einem größeren Maßstab stattfinden kann, dann braucht man eigentlich solche Dummheiten wie Plastik gar nicht mehr. Heute sind die Wissenschaftler überall auf der Welt besorgt: Was sollen wir mit dem ganzen Plastik machen? Der Meeresboden ist bereits voller Plastik. Plastik ist so billig, dass man es wegwerfen kann; man braucht es nicht zweimal zu benutzen.

Doch das ganze Plastik bleibt in der Erde, im Meer – es kann sich mit nichts vermischen. Es ist eines der merkwürdigsten Dinge, die der Mensch produziert hat. Es kann sich in der Erde nicht wieder auflösen. Es bleibt da. Es ist das einzig Ewige, was es auf der Welt gibt. Alles, was es auf der Erde gibt, löst sich früher oder später wieder in seine Grundbestandteile auf, aber Plastik bleibt. Es hat einen immensen Widerstand. Und die Folgen haben sich längst gezeigt: An vielen Orten sind plötzlich Tausende von Fischen gestorben, weil das Wasser von Plastik vergiftet ist. Und es ist unmöglich, es zu beseitigen – und wohin soll man es beseitigen?

Was der japanische Zen-Bauer, ein ganz einfacher Mann, getan hat, kann überall auf der Welt geschehen – man braucht nur eine bestimmte Harmonie zu finden.

Du bist Gast auf dieser Erde

Die Bereitschaft, sich selbst zu geben ist das größte Abenteuer des Lebens. Wir alle kommen nackt auf die Welt, wir bringen nichts mit auf die Welt, alles, was wir haben, ist unser eigenes Selbst. Alles andere gehört der Welt an, nichts gehört uns. Leute, die Geld oder etwas anderes geben, vermeiden damit in Wirklichkeit, sich selbst zu geben. Die Leute, die den Armen Geld geben, die Krankenhäuser, Schulen und Universitäten finanzieren und sich damit brüsten, merken nicht, dass ihr Geschenk nur eine Attrappe ist. Sie verstecken dahinter ihre Nacktheit. Sie verbergen die Tatsache, dass sie nicht den Mut haben, sich selbst zu geben – denn das ist das einzig Wertvolle, das man zu geben hat, das einzige, das wirklich dir gehört. Alle so genannten Wohltäter geben Dinge, die ihnen nicht gehören. Es ist fast so, als würde dir jemand den Vollmond schenken oder den Sonnenaufgang und sagen: „Du kannst ihn haben, er gehört dir."

Ich habe von zwei Betrunkenen gehört. Sie lagen in einer Vollmondnacht unter einem Baum. Einer der beiden war sehr poetisch, in einer sehr romantischen Stimmung. Er starrte den Mond an und sagte: „Ich möchte diesen Mond kaufen."
Der andere sagte: „Das ist unmöglich. Ausgeschlossen, völlig ausgeschlossen!"
Der erste sagte: „Warum wirst du denn so wütend?"
Der zweite Mann sagte: „Ich habe allen Grund. Ich will ihn nicht verkaufen!"

Wenn du dich selbst nicht gibst, gibst du gar nichts. Du versteckst hinter deinen so genannten Geschenken nur deine Armut, deine Impotenz. Diese Einsicht, dass du nur dich selbst zu geben hast, ist eine große Einsicht, wunderschön und wirklich spirituell. Niemand gehört hierhin. Jeder kommt eines Tages hier an und eines Tages geht er wieder fort. Dies ist eine große Karavanserai. Es ist eine Rast für eine Nacht und am nächsten Tag geht die Reise weiter. Wer bleibt schon hier? Millionen von Menschen sind vor dir hier gewesen, niemand erinnert sich an ihre Namen, sie waren alle Gäste. Und Millionen von Menschen werden nach uns hier sein.

Benutzt diesen Planeten nicht wie eine Wartehalle im Bahnhof, insbesondere einem indischen Bahnhof. Ich bin jahrelang herumgereist und bin in Tausenden von Wartehallen gewesen, wo ich die merkwürdigsten Szenen beobachtet habe. Die Leute werfen ihre Bananenschalen auf den Boden, spucken ihre *Pan*-Blätter auf den Boden und selbst auf meine Frage: „Was macht ihr denn da?" antworten sie: „Das ist nur ein Warteraum, es ist niemandes Zuhause. Wen kümmert das? In zehn Minuten kommt mein Zug." Es stimmt, dein Zug kommt, aber der Zug wird neue Reisende bringen, die sich in diesem Warteraum mit deinen Bananenschalen aufhalten!

Du bist ein Gast. Hinterlasse diese Erde ein wenig schöner, ein wenig menschlicher, ein wenig liebenswerter, ein wenig duftender für diese unbekannten Gäste, die dir folgen werden.

Es gibt eine alte Sufigeschichte:

Der König von Bhagdad ritt immer auf seinem Pferd durch die Stadt, um zu sehen, wie die Dinge stehen. Natürlich hatte er sich verkleidet, damit er die Wirklichkeit zu sehen bekam. Wenn er als der König aufgetreten wäre, hätte er nur das Schöne gesehen. Das wirkliche Gesicht hätte man ihm nicht gezeigt; er hätte nur die Maske sehen können.

Jeden Tag kam er an einen alten Mann vorbei, sehr alt, sicher über hundert Jahre alt, der im Garten arbeitete und kleine Pflanzen setzte. Aber es waren keine einjährigen Pflanzen, das machte den König stutzig. Es waren Libanonzedern, die einhundert, zweihundert Fuß hoch werden, die fast bis an die Sterne reichen und Hunderte von Jahren brauchen, um diese Höhe zu erreichen. Sie werden tausend Jahre alt, zweitausend, dreitausend Jahre alt und sie gehören zu den schönsten Bäumen.

Der König war verwirrt, denn dieser alte Mann, konnte kaum hoffen, noch den nächsten Frühling zu erleben. Seine Hände zitterten; er war so zerbrechlich, jeden Moment konnte der Tod ihn holen. Warum pflanzte er diese Zedern? Er würde sie nicht wachsen sehen, er würde nicht den herrlichen Anblick erleben, wenn sie die Sterne berührten.

Schließlich konnte der König der Versuchung nicht widerstehen; er hielt sein Pferd an und sagte: „Eigentlich sollte ich dich nicht bei der Arbeit stören, aber ich kann nicht widerstehen."

Der alte Mann sagte: „Keine Sorge, mein Sohn. Du kannst mich alles fragen, was du möchtest."

Der König sagte: „Du wirst diese Bäume nie groß werden sehen, du wirst lange vorher tot sein … "

„Das stimmt", sagte der alte Mann.

Der König sagte: „Du weißt es und trotzdem pflanzt du sie?"

Der alte Mann sagte: „Wenn meine Vorfahren diese Samen nicht gesät hätten, siehst du diese hohen Zedern dort hinten im Garten?, dann hätte ich sie nie zu sehen bekommen. Wenn meine Vorfahren so großherzig mit ihren Kindern und mit Nachfahren waren, die sie noch gar nicht kannten, mit Gästen, die später den Garten besuchen würden … Sie haben hart gearbeitet und diese riesigen Bäume großgezogen. Es macht mir Mut sie anzuschauen und auch ich arbeite hart. Auch wenn ich das wunderschöne Grün nicht mehr erlebe, aber jemand wird es erleben. Die Kinder meiner Kinder oder vielleicht sogar deren Kinder werden diese Pflanzen sehen, wenn sie ihre ganze Schönheit entfaltet haben. Es reicht mir, meine Vorfahren nicht betrogen zu haben. Wenn sie Vertrauen in die Zukunft, in den unbekannten Gast haben konnten, dann kann ich auch vertrauen."

Wir alle sind Gäste auf dieser Erde, also behandle diesen schönen Planeten nicht wie eine Bahnhofskneipe. Er ist kein Warteraum. Er ist bis auf weiteres unser Zuhause und er wird auch anderen ein Zuhause sein. Sei nicht so berechnend und sage: „Ich bin gleich weg – in zehn Minuten kommt mein Zug, was kümmert es mich, ob ich den Warteraum dreckig hinterlasse."

Niemand gehört hierher. Aber im Moment sind wir hier und im Moment müssen wir total und intensiv hier sein, und wir müssen diese Zeit so schön wie möglich gestalten. Unser Leben muss wie ein Tanz sein, damit jeder, der nach uns kommt, spürt, dass die Menschen, die hier gelebt haben, keine gewöhnlichen Menschen waren. Sie haben Blumen und einen Duft hinterlassen; sie haben das Echo ihrer Lieder und Tänze hinterlassen; sie haben ihre Fußspuren in reinem, vierundzwanzigkarätigem Gold hinterlassen.

Es ist kein bedauernswertes Missgeschick, dass wir Gäste sind. Es ist eine große Chance: Diese Erde, diese Existenz war so großzügig, so liebevoll und gastfreundlich, sie hat dich hier willkommen geheißen. Hinterlasse deine Spuren. Du selbst bist vielleicht nicht mehr hier, aber dein Lachen kann hier bleiben. Du bist vielleicht nicht mehr hier, aber dein Tanz kann hier bleiben. Die Art wie du gelebt hast, wird weiterhin ihre besonderen Schwingungen erzeugen. Die zukünftigen Menschen werden daran erinnert werden, dass sie die Erben eines großartigen Planeten und eines großartigen Menschenschlags sind.

Kein Mensch ist eine Insel.
Wir alle gehören zu einem riesigen Kontinent.
Es gibt Unterschiede,
aber dadurch sind wir nicht untereinander getrennt.
Die Verschiedenheit bereichert unser Leben –
ein Teil von uns ist im Himalaja,
ein Teil von uns ist in den Sternen,
ein Teil von uns ist in den Rosen.
Ein Teil von uns ist ein Vogel,
der sich in die Lüfte aufschwingt;
ein Teil von uns ist das Grün der Bäume.
Wir sind überall. Dies als Realität zu erleben,
wird deine gesamte Einstellung zum Leben verändern,
wird jede deiner Handlungen verändern,
wird dein ganzes Dasein transformieren.

Trinke von der Natur so viel Glückseligkeit
wie möglich.
Von den Sternen, vom Mond, von der Sonne,
von den Bäumen und den Vögeln –
trinke so viel wie möglich.
Dort findest du Seligkeit noch in ihrer reinen Form.

6. In direkter Begegnung mit der Natur

VERSTEHE DICH ALS JEMANDEN, DER IMMER NACH NEUEN QUELLEN der Glückseligkeit sucht und freue dich über kleine Dinge: Über die Schaumkronen auf den Wellen, wenn sie in der Morgensonne schimmern ... und schau sie nicht nur an, sondern tanze, nimm an ihrer Freude teil. Wenn du einen Vogel im Flug siehst, stimme dich auf ihn ein, fühle dich eins mit ihm. Nach und nach wirst du den Dreh raushaben und dann wird die Freude in deinem eigenen Sein aufsteigen. All das dient nur dazu, einen Raum um dich zu schaffen, in dem deine innere Freude erblühen kann.

Die wirkliche Freude kommt aus dir. Sie kommt nie von irgendwo anders her: Nicht von den Sternen, nicht von den Flüssen oder von den Bergen. Aber zuerst wir müssen die richtige Umgebung schaffen, einen Raum, in dem deine Freude sich öffnen kann. Wenn du von Unglück, von Negativität und Dunkelheit umgeben bist, von Abgestumpftheit, Unintelligenz, Hässlichkeit und Gefühllosigkeit, dann kann es nicht geschehen, weil die richtige Umgebung fehlt. Es wird keine Seligkeit in dir entstehen.

Die Buddhas mögen noch so oft sagen, deine eigentliche Natur sei Seligkeit – du hörst zu und kannst die Worte verstehen, aber nichts geschieht. Im Grunde hast du deine Zweifel, du hast den Verdacht, dass diese Leute Unsinn reden, denn wenn du nach innen schaust, findest du keine Seligkeit. Diese Leute sagen immer: „Erkenne dich selbst", aber wenn du nach innen schaust, dann ist da nichts, was wert ist, erkannt zu werden. Das kommt daher, weil du nach innen schaust, ohne zuvor die richtige Umgebung geschaffen zu haben. Solch ein Klima, solch eine Umgebung nenne ich Meditation. Nutze also alles, was dir hilft, dich glücklich und ekstatisch zu machen. Und jedem Menschen hilft etwas anderes. Für den einen ist es die Kunst, für den anderen die Natur, für wieder einen anderen ist es die Liebe, denn die Menschen sind verschieden. Doch an eines solltest du immer denken: Alles, was dir ein Gefühl von Seligkeit gibt, solltest du in dich aufnehmen, damit solltest du leben, das solltest du immer besser, immer tiefer kennenlernen.

Das Universum besteht aus Stille

Diese Stille ist nicht tot, es ist nicht die Stille der Friedhöfe, sondern die Stille eines Tempels. Sie ist lebendig! Sie ist ein Lied ohne Worte. Aber sie hat ihre Gesten ... diese Gesten zeigen dir auf tausend-undeine Art, woraus dieses Universum besteht. Sieh die Rosen an, sieh die Lotusblumen an, sieh die Vögel am Himmel fliegen. Schau die Sterne, die Bäume und die Berge an. Sie alle sind Gesten der Stille.

Diese ganze Existenz ist ein Tanz der Stille. Sie nimmt die verschiedensten Formen an und geht von einer Form in die andere über, aber ihr grundlegender Bestandteil ist Stille. Wie willst du diese Stille kennen? Du kannst die Stille nur sein, du kannst sie nicht kennen. Auch du bist aus dieser Stille gemacht. Du hast nur nicht tief genug in dich hineingeschaut. Auch du fließt über von dieser Stille, lässt dich aber von allem möglichen Unsinn abgelenken.

Die ganze Welt fließt über von Stille. Jetzt werden sogar Wissenschaftler zu Mystikern, denn sie sagen, dass Sterne in schwarzen Löchern verschwinden – eine Parallele zu unserem Tod. Auch wir kennen den dunklen Tunnel des Todes nicht. Aber die Wissenschaftler haben beobachtet, dass nicht nur alte Sterne einfach verschwinden, sondern auch ständig neue Sterne geboren werden. Und Sterne sind keine Kleinigkeit. In der wissenschaftlichen Welt hat sich die Vorstellung verbreitet, dass alles aus dem Nichts hervorgeht und schließlich ins Nichts zurückfällt, um darin auszuruhen. Vielleicht kommt es wieder hervor ... Es erscheint unlogisch – wie kann die Existenz mit ihrer ganzen Vielfalt aus dem Nichts hervorgehen? Aber hier geht es nicht um Logik. Was kann ich tun? So sind die Dinge nun einmal.

Dieses Nichts enthält alles. Und dieses Nichts als alles zu erkennen, zu erfahren, ist der einzige Weg, dein Einssein mit dem Universum zu finden. Dann gibt es keine Angst im Leben und im Tod.

Du bist viele Male hier gewesen und hast wieder geruht. Ausruhen ist nötig, man wird müde. Jeden Tag arbeitest du und nachts ruhst du dich aus – in der Hoffnung, dass du am nächsten Morgen wieder aufwachst. Genauso ist auch der Tod eine tiefe Entspannung in das Universum, in sein Nichts. Das kann nur ein Mensch verstehen, der meditiert. Je tiefer seine Meditation geht, desto mehr entdeckt er die ganze Welt des Nichts in sich selbst. Doch es ist ein Nichts, über das man sich freuen soll – so ruhig, so friedlich, so kühl. So lebendig und überfließend.

Gautam Buddha sagt zu seinen Schülern voller Mitgefühl: „Wenn ihr tief in euer Inneres geht und ich euch dort begegne, dann schlagt mir sofort den Kopf ab. Ich darf für euch nicht zum Hindernis werden; euer Nichts muss absolut euer eigenes sein. Man kann es nicht teilen."

Du musst vollkommen allein gehen. Schon die Vorstellung, ein völliges Nichts zu sein, lässt Blüten regnen. Einfach nur allein zu sein, vollkommen allein, bringt eine frische Brise, einen neuen Duft. Aber die Erfahrung selbst ist tausendmal stärker als deine Vorstellung. Wenn diese Welt etwas braucht, dann ist es die Erfahrung des Nichts. Nicht die Erfahrung von einem Gott, von einem Jesus Christus. Nicht die Erfahrung von einem Gautam Buddha. Sie braucht nur eins: Die Erfahrung einer Reinheit, die nicht durch die Gegenwart eines anderen beeinträchtigt ist, eine reine Präsenz deines eigenen Seins. Das ist für mich die einzige Befreiung, das ist das höchste Erblühen deines Seins. Dann werden es deine Augen und deine Hände zum Ausdruck bringen, dein Tanz wird Teil des Überfließens sein. Du wirst ein transformierter Mensch sein.

In dieser kritischen Zeit brauchen wir Millionen von transformierten Menschen, die diese Welt mit Freude und mit Rosen der Bewusstheit füllen können.

Ein Lied ohne Worte

Die Existenz hat keine Sprache ... und wenn du auf Sprache angewiesen bist, gibt es für dich keine Kommunikation mit der Existenz. Du musst Zuhören lernen. Zuhören heißt, dass du offen bist, verwundbar, empfänglich, aber ohne jeden Gedanken. Denken ist etwas Aktives. Zuhören ist etwas Passives: du wirst empfänglich wie ein Tal, wie ein Schoß. Wenn du wirklich zuhörst, spricht die Natur – nur ohne Sprache. Die Natur gebraucht keine Worte. Aber wie macht sich die Natur dann verständlich? Sie gibt Zeichen. Du siehst eine Blume: Was für ein Zeichen gibt sie dir? Sie redet nicht, aber kannst du wirklich behaupten, dass sie nichts sagt? Sie sagt sehr viel, aber ohne Worte, es ist eine wortlose Botschaft. Um das Wortlose hören zu können, musst du wortlos werden, denn nur Gleiches kann Gleiches verstehen, nur Gleiches kann sich für Gleiches öffnen.

Wenn du neben einer Blume sitzt, sei kein Mensch, sondern eine Blume. Und wenn du neben einem Baum sitzt, sei kein Mensch, sondern ein Baum. Beim Baden im Fluss sei kein Mensch; werde zum Fluss. Dann bekommst du Zeichen in Hülle und Fülle. Aber das ist keine Kommunikation, sondern Kommunion. Dann spricht die Natur, sie spricht mit tausend Zungen, aber ohne Sprache. Sie spricht zu dir aus tausend Richtungen, aber du kannst in keinem Wörterbuch nachschlagen, was sie sagt, und kein Philosoph kann dir darüber Auskunft geben. Sobald du darüber grübelst, hast du die falsche Richtung eingeschlagen.

Du möchtest alles in eine sprachliche Struktur packen. Du möchtest Kommunikation, nicht Kommunion. Nein, die Natur bedeutet nichts. Sie ist da, in ihrer ganzen Herrlichkeit. Sie hat eine Bedeutung, aber sie bedeutet nichts. Ihre Bedeutung ist existentiell. Schau, nimm sie wahr, fühle sie, lebe in ihr; erlaube ihr, in dich einzudringen, aber stelle keine Fragen. Wenn du Fragen hast, geh auf die Universität; das Universum bleibt dir dann verschlossen. Wenn du in das Universum eindringen willst, frage nicht. Es ist niemand da, der dir antwortet. Nur wenn dein Sein eine vollkommen andere Qualität hat, kannst du mit der Existenz in Berührung kommen.

Ein Zen-Meister arbeitete einmal im Palast des Königs an einem Wandbild, und der König fragte immer wieder, ob das Bild fertig sei. Er aber sagte jedes Mal: „Warte noch ein Weilchen, warte noch."

Jahre vergingen, und schließlich sagte der König: „Es dauert mir zu lange. Du erlaubst mir noch nicht einmal, den Raum zu betreten." Tatsächlich malte der Meister hinter verschlossen

Türen. „Ich werde alt und kann nicht länger warten. Ist das Bild denn immer noch nicht fertig?"

Der Meister sagte: „Das Bild ist längst fertig. Aber ich beobachte dich, und du bist noch nicht fertig. Das Bild ist schon lange fertig, aber darauf kommt es nicht an. Wenn du nicht bereit bist, wem soll ich es dann zeigen?"

Die Existenz ist bereit und wartet ständig, sie ist längst fertig. Jeden Augenblick, an jeder Wegbiegung, gleich um die Ecke, wartet sie. Sie ist unendlich geduldig, aber du bist nicht bereit.

Schließlich, so heißt es, war der König bereit, und der Maler sagte: „Jetzt ist es soweit."

Gemeinsam betraten sie den Raum. Niemand sonst wurde eingelassen. Das Gemälde übertraf alles, was der König je gesehen hatte. Es war kaum noch als Malerei zu erkennen, so wirklich sah es aus. Der Maler hatte Hügel und Täler gemalt, sie wirkten fast dreidimensional, als gäbe es das alles wirklich. Und über die Hügel schlängelte sich ein schmaler Pfad, der sich im Gebirge verlor. Und nun kommt das Unglaubliche an der Geschichte. Der König fragte: „Wohin führt dieser Pfad?"

Der Maler antwortete: „Ich bin diesen Weg noch nicht selbst gegangen; aber warte, ich will hingehen und nachschauen."

Und er betrat den Weg, verschwand langsam zwischen den Hügeln, und kam nie wieder zurück.

Das ist mit Mysterium gemeint. Es wird vieles gesagt, ohne dass etwas gesagt wird.

Wenn du in die Natur gehst und herausfinden möchtest, wo der Weg hinführt, dann bleibe nicht draußen stehen und frage, denn so kommst du nicht weiter. Du musst dich schon selbst auf den Weg machen. Und wenn du hineingehst, dann kommst du nie wieder zurück, denn unterwegs verlierst du dein Ego, unterwegs verschwindest du. Du wirst am Ziel ankommen, aber du wirst nicht mehr zurückkommen, um davon zu erzählen. Der Maler kam nie mehr zurück. Keiner kommt zurück, denn je tiefer du in das Dasein eindringst, desto mehr verschwindest du.

Die Existenz öffnet dir Tausende von Türen, aber du stehst draußen und möchtest gern vorher wissen, wie es drinnen aussieht. In der Natur gibt es kein draußen, alles ist drinnen. Wie kann etwas außerhalb der Natur existieren? Das Ganze ist das Innere. Aber der Verstand versucht das Unmögliche: er versucht, draußen stehen zu bleiben, zuzuschauen und zu deuten, was es damit auf sich hat. Nein, du musst selbst mitmachen. Du musst dich auf die Natur einlassen und mit ihr eins werden.

Der Augenblick, in dem du merkst, dass dir die Worte entgleiten, dass die Grenze der Sprache überschritten ist ... das ist der Moment unglaublicher Unschuld, einer neuen Kindheit. Zum ersten Mal kannst du verstehen, was nicht ausgesprochen werden kann. Du kannst die Botschaft des Windes verstehen, der durch die Tannen weht, du kannst die Poesie des rauschenden Wassers verstehen.

Von der Sprache befreit zu sein bedeutet, von allen menschlichen Begrenzungen befreit zu sein. Die Sprache ist die größte Gefangenschaft. Stille ist die einzige Antwort auf all deine Fragen, ist die einzige Begegnung mit der Existenz ohne Schranken, ohne Mauern. Wenn die Sprache verschwindet, ist der Verstand nicht mehr nützlich. Zum ersten Mal bist du in direktem Kontakt mit der Existenz, ohne dass der Verstand vermittelt – und diese Erfahrung ist Erleuchtung. Und keiner ist weit davon entfernt; sie ist für jeden greifbar. Doch die Menschen suchen dort nach dem Glück, wo es keines gibt. Sie alle suchen in der Wüste nach fließendem Wasser. Und wenn sie frustriert sind, wenn sie scheitern, wenn sie verzweifelt sind, sind sie wütend auf das Leben, nicht wütend auf sich selbst.

Was kann das Leben dafür? Es ist für dich da, aber irgendwie schaffst du es, in der falschen Richtung danach zu suchen. Vielleicht hast du unbewusst Angst, dass es zu viel Leben sein könnte, dass es zu viel Liebe sein könnte, dass die Existenz dich ertrinken lassen könnte. Und in gewisser Weise ist deine Angst berechtigt: Je näher du der Realität kommst, desto weniger bist du. In dem Moment, in dem du der Realität von Angesicht zu Angesicht begegnest, bist du überhaupt nicht mehr.

In meiner Kindheit ging ich oft frühmorgens zum Fluss. Es ist ein kleines Dorf. Der Fluss ist sehr, sehr träge, als ob er überhaupt nicht fließen würde. Und am frühen Morgen, wenn die Sonne noch nicht aufgegangen ist, kann man nicht erkennen, ob er überhaupt fließt, so träge und still ist er. Am Morgen, wenn niemand da ist, wenn noch kein Mensch zum Baden gekommen ist, ist es wunderbar still. Selbst die Vögel singen so früh am Morgen noch nicht – kein Laut stört die Lautlosigkeit, die alles durchdringt. Und der Duft der Mango-Bäume hängt über dem ganzen Fluss.

Ich ging oft dorthin, an die entfernteste Biegung des Flusses, nur um dort zu sitzen, nur um dort zu sein. Es gab nichts zu tun, einfach da zu sein war genug. Es war so eine wunderschöne Erfahrung. Ich badete im Fluss, ich schwamm, und wenn dann die Sonne aufging, stieg ich ans andere Ufer, legte mich dort auf den breiten Sandstrand und ließ mich von der Sonne trocknen. Dann blieb ich dort liegen und manchmal schlief ich sogar ein.

Wenn ich zurückkam fragte meine Mutter jedes Mal: „Was hast du den ganzen Morgen gemacht?" Und ich antwortete: „Nichts", denn in Wirklichkeit hatte ich nichts getan. Und sie sagte dann: „Wie ist das nur möglich? Irgendetwas musst du doch getan haben." Und natürlich hatte sie recht, aber ich hatte auch nicht unrecht. Ich hatte überhaupt nichts getan. Ich war nur da am Fluss gewesen, ohne etwas zu tun und hatte die Dinge geschehen lassen. Wenn es sich nach Schwimmen anfühlte – wohlgemerkt, wenn es sich danach anfühlte –, dann schwamm ich, aber das war kein Tun meinerseits. Ich forcierte nichts. Wenn mir nach Schlafen zumute war, schlief ich. So vieles passierte einfach, aber ich war nicht der, der es tat. Und meine erste Erfahrung von *Satori* geschah an diesem Fluss. Ohne dass ich etwas tat, nur indem ich da war, passierte unendlich vieles.

Aber meine Mutter ließ nicht locker: „Du musst doch etwas getan haben." So sagte ich schließlich: „Okay, ich war baden und hinterher habe ich mich in der Sonne trocknen lassen." Und damit war sie zufrieden. Aber ich war es nicht, denn was da am Fluss geschehen war, ließ sich nicht mit Worten ausdrücken. „Ich war baden", machte es so armselig und blass. Mit dem Wasser zu spielen, im Fluss zu treiben, im Fluss zu schwimmen war so eine tiefe Erfahrung gewesen. Einfach zu sagen: „Ich war baden", bedeutet gar nichts. Nur zu sagen: „Ich war am Fluss, bin dort spazieren gegangen und habe am Ufer gesessen", drückt nichts aus.

Wenn du die Sinnlosigkeit von Worten nicht spüren kannst, beweist das, dass du noch gar nicht gelebt hast, dass du nur sehr oberflächlich gelebt hast. Erst wenn etwas geschieht, das sich nicht in Worte fassen lässt, erst dann hat sich das Leben bemerkbar gemacht. Erst dann hat das Leben an deine Tür geklopft. Und wenn das Höchste an deine Tür klopft, gehst du einfach über Worte hinaus, dann wirst du stumm.

Wenn du irgendwo sitzt, höre dem zu, was gerade um dich herum geschieht. Zum Beispiel mitten in einer Stadt – es herrscht viel Lärm und Verkehr – dieser Zug, dieses Flugzeug; höre das alles, ohne es als Lärm abzulehnen. Höre zu, als würdest du Musik hören, mit Genuss. Und du wirst auf einmal feststellen, dass sich die Qualität des Lärms verändert. Er ist keine Ablenkung mehr, keine Störung. Im Gegenteil, er wird sehr melodisch.

Was du hörst, ist also nicht wichtig. Es geht darum, dass du zuhörst, nicht einfach nur hörst. Selbst wenn du etwas aufnimmst, das dir bisher nicht des Zuhörens wert war, so höre dem nun so heiter zu, als lauschtest du einer Beethoven-Sonate. Plötzlich merkst du, dass du damit seine ganze Qualität verändert hast. Es wird auf einmal schön. Und bei einem solchen Zuhören verschwindet das Ego.

Meditation ist ein inneres Atmen,
und wenn ich „innere Atmen" sage,
meine ich es wörtlich; es ist keine Metapher.
Genauso, wie du die Luft atmest,
kannst du auch Bewusstsein atmen
und sobald du anfängst,
Bewusstsein ein- und auszuatmen,
bist du nicht mehr nur ein physischer Körper.
Mit dieser höheren Form des Atmens,
dem Atmen von Bewusstsein,
von Leben selbst,
betrittst du eine andere Dimension,
die Dimension der Metaphysik.

7. Meditation – die Brücke zwischen dir und dem Universum

DAS LEBEN BEWEGT SICH STÄNDIG VON SELBST AUF MEDITATION ZU, es bedarf keiner besonderen Anstrengungen. Anstrengungen sind nur nötig, weil dein Leben sich nicht mehr von der Stelle bewegt, weil man dir völlig unsinnige Vorstellungen beigebracht hat. Durch diese falschen Vorstellungen sind viele Blockierungen in dir entstanden und das Leben fließt nicht mehr. Du bist kein Fluss mehr, sondern ein schmutziger, verstopfter Tümpel. Deshalb brauchst du Meditation.

Meditation ist nötig, weil du unnatürlich geworden bist. Wenn du ein unnatürliches Leben lebst ... und mit natürlich meine ich: Lebe den Augenblick wie er ist – schreibe ihm nicht vor, wie er sein sollte, versuche nicht, ihn zu verändern. Akzeptiere den Augenblick so, wie er ist. Wenn du wütend bist, dann sei wütend und akzeptiere es. Habe kein Ideal von dir – du solltest nicht wütend sein. Und wenn die Wut vorbei ist, dann bereue nicht. Es gibt nichts zu bereuen – es war eben so.

Wenn du verliebt bist, sei verliebt. Denke nicht darüber nach, wie Liebe sein sollte. Frage keine Handbücher um Rat, lass die Liebe ganz natürlich fließen.

In Japan erzählt man sich eine Geschichte über einen großen Samurai, einen berühmten Schwertkämpfer: Als er eines nachts nach Hause kam –, er hatte den ganzen Tag hart gekämpft und wollte gerade ins Bett fallen – da sah er eine Ratte. Die Ratte sah so bedrohlich aus, dass der Samurai versuchte, sie mit seinem

Schwert zu töten. Aber obwohl er einer der bekanntesten Schwertkämpfer war, misslang es ihm. Er schlug mehrmals zu, er zerbrach sein Schwert, aber er konnte die Ratte nicht töten. Da bekam er es mit der Angst zu tun: „Das scheint eine sehr mysteriöse Ratte zu sein, das ist keine gewöhnliche Ratte!" Er kam ins Schwitzen – dabei schwitzte er sonst nie. Sein ganzes Leben lang hatte er gekämpft und nun hatte ihn eine Ratte besiegt.

Er rannte hinaus und fragte seine Frau, was er tun sollte. Die Frau sagte: „Du Dummkopf, du brauchst die Ratte nicht zu töten! Hast du je gehört, dass man Ratten mit dem Schwert tötet? Hol einfach unsere Katze." Die Katze wurde ins Haus gebracht. Sie war natürlich keine gewöhnliche Katze, sondern die Katze des großen Samurai; auch sie verstand sich auf viele Künste, sie war einer der berühmtesten Rattenfänger.

Nun kam sie mit ihrer ganzen Kunst. Sie gab sich die größte Mühe, doch diese Ratte war wirklich außergewöhnlich. Sie sprang der Katze direkt in die Augen! Die Katze suchte das Weite. So eine Ratte war ihr noch nie begegnet – attackiert eine Katze?! Sie zitterte genauso wie der Samurai.

Der Krieger sagte: „Das geht zu weit!"

Daraufhin holte man die Katze des Königs. Sie war eine Meister-Katze und im ganzen Land bekannt – die Katze des Königs eben. Sie erschien und auch sie wurde von der Ratte besiegt. Sie ging hinein, strengte sich mächtig an, gebrauchte die besten Methoden, aber diese Ratte war einfach zu viel.

Schließlich machte die Königskatze einen Vorschlag. Sie kannte noch eine andere Katze, die ganz und gar nicht berühmt war. Sie sagte zu dem Samurai: „Du hast es mit berühmten Katzen versucht, jetzt versuche es mal mit einer ganz gewöhnlichen, normalen Katze."

„Was kann eine gewöhnliche Katze schon ausrichten?", fragte der Samurai.

Die Königskatze antwortete: „Versuche es. Ich kenne diese Katze. Sie ist so gewöhnlich, sie hat von nichts eine Ahnung. Den ganzen Tag schläft sie, aber sie hat etwas. Alle Katzen wissen es, alle Katzen im Land wissen, dass sie sehr mysteriös ist. Und das Mysteriöse ist, dass sie nichts über Ratten weiß, übers Rattenfangen und über die Kunst, die Technik, die Methodologie, die Philosophie des Rattenfangens – sie hat keine Ahnung. Sie war nie auf einer Schule oder Universität. Sie ist eine einfache, gewöhnliche Katze, aber alle Ratten fürchten sich vor ihr. Egal wo sie schläft – in dieses Haus kommen keine Ratten. Allein ihre Gegenwart genügt. Und sie schläft ständig, niemand weiß, wann sie tötet und wie sie tötet. Einmal war ich bei ihr und habe sie gefragt, worin ihre Kunst besteht. Da hat sie mich bloß angeschaut und hat nichts gesagt. Sie schloss nur die Augen und schlief weiter. Da hab ich sie aufgeweckt und gedrängt: ‚Worin besteht deine Kunst?' Sie sagte: ‚Keine Ahnung. Ich bin eine Katze, das genügt. Eine Katze ist eine Katze und ist dazu bestimmt, Ratten zu fangen. Was meinst du mit Kunst? Was redest du für einen Unsinn?'"

Man brachte also die Katze und der Samurai hatte nicht viel Hoffnung, denn sie war wirklich sehr gewöhnlich – so, wie jede andere streunende Katze. Sie ging hinein, ohne jede Kunstfertigkeit ging sie hinein, fing die Ratte und brachte sie hinaus.

Alle Katzen liefen zusammen und fragten sie: „Worin besteht deine Kunst?" Sie sagte: „Ich kenne keine Kunst. Ich bin eine Katze! Genügt das nicht?"

Das meine ich mit natürlich sein. Meditation kommt, wenn du natürlich bist. Meditation ist dein natürliches Erblühen; sie ist nicht so etwas wie eine Kunst, eine Fertigkeit, eine Leistung. Nein, überhaupt nicht. Du brauchst es in keiner Schule zu lernen. Aber du bist verdorben worden. Es sind zu viele Ratten um dich herum gewesen, du hast Angst bekommen vor den Ratten – und nicht nur Angst, du hast gelernt, wie man diese Ratten fängt. Du bist sehr geschickt und kunstfertig geworden. Du kennst das Know-how – das ist die Schwierigkeit. Dein Wissen ist die Schwierigkeit.

Dabei brauchst du gar kein Wissen! Kabir hat nie meditiert – er hat seine Stoffe gewebt und wurde erleuchtet. Was geschah da? Ein natürlicher Mensch, der mit ganzem Herzen bei der Sache war, der völlig darin aufging, kam an.

Denke also daran, Meditation musst du lernen, weil du ein paar falsche Dinge gelernt hast. Du musst lernen, dieses Falsche zu verlernen. Es ist, als hättest du einen Stachel im Fuß und brauchtest einen anderen Stachel, um ihn zu herauszuholen. Der andere Stachel ist ebenso ein Stachel wie der erste, aber er hilft. Meditation ist wie ein Stachel, denn du bist künstlich geworden, und dieses Künstliche ist tief in dein Wesen eingedrungen. Meditation entfernt es, sie ist eine Arznei.

Das Wort „Medizin" und „Meditation" stammt von derselben Wurzel. Es ist eine Arznei. Wenn jemand krank ist, gibst du ihm Arznei. Denkst du, die Arznei macht ihn gesund? Da hast du unrecht. Die Arznei beseitigt lediglich seine Krankheit. Man hat bis jetzt noch keine Arznei erfunden, die dir Gesundheit bringt. Gesundheit ist jenseits von Arznei und auch jenseits von Meditation. Die Arznei beseitigt lediglich die Krankheit. Sobald die Krankheit verschwunden ist, sobald der Stachel entfernt ist, blüht deine innere Gesundheit wieder auf. Nur um das Künstliche zu zerstören, wurde etwas Künstliches gebraucht. Man kann das Künstliche nicht durch etwas Wirkliches zerstören, sie treffen sich nicht. Wie kannst du etwas Falsches mit etwas Wirklichem zerstören? Alle Meditationstechniken sind daher genauso fiktiv wie deine anderen Fiktionen – alles Fiktionen!

Sicher, sie helfen, sie helfen dir aus deiner Fiktion heraus. Aber an dem Tag, an dem die Fiktion von dir abfällt, erkennst du plötzlich: „Meditation war nicht einmal vor meiner Erleuchtung nötig." Sie war nötig geworden wegen der Gesellschaft, wegen der Konditionierungen – weil man dich zu viel gelehrt hat, weil du deine Natur verloren hast.

Meditation – ein Kniff, keine Kunst

Wenn du genau beobachtest, wirst du jeden Tag, im Laufe von vierundzwanzig Stunden, einige Augenblicke finden, in denen du von selbst in die Stille fällst. Sie kommen ganz von selbst, nur haben wir sie bis dahin noch nicht wahrgenommen. Es geht also zuerst darum, bewusst zu sein, wenn diese Momente kommen. Und wenn sie kommen, höre einfach mit allem auf, was du gerade tust. Sitze still da und fließe mit dem Moment. Er ist natürlich gekommen, du hast ihn nicht dazu gezwungen, du brauchst dich also nicht anzustrengen. Du lässt dich einfach von ihm in Besitz nehmen. Und die Momente kommen – sie sind natürlich. Einige Fenster öffnen sich immer von selbst, aber wir sind so beschäftigt, dass wir nie merken, dass sich das Fenster geöffnet hat und die Brise hereingekommen ist und die Sonne hereinscheint; wir sind so mit unserer Arbeit beschäftigt.

Man kann es nicht erzwingen, dass diese Öffnungen zu einer bestimmten Zeit kommen, doch viele Leute versuchen, immer zu einer bestimmten Zeit zu meditieren. So geschieht es manchmal, sehr selten, dass sie zufällig zu dieser Zeit kommen, ansonsten geschieht es nie. Du machst deine Meditation wie ein Ritual immer weiter.

Beobachte also: Wenn du dich frühmorgens nach einem

guten, tiefen Schlaf frisch fühlst und die Welt gerade erwacht und die Vögel anfangen zu singen und du spürst, wie dich so ein Moment umgibt, wie ein Raum in dir wächst, dann lass dich hineinfallen. Sitze still unter einem Baum oder am Flussufer oder in deinem Zimmer und sei einfach. Es gibt nichts zu tun. Genieße diesen Zustand, aber versuche nicht, ihn zu verlängern. Wenn er verschwindet, steh auf und vergiss ihn. Du hast ja so viel Anderes zu tun. Und sehne dich nicht danach – er wird von selbst wiederkommen. Er kommt immer ungeladen, er ist sehr schüchtern. Wenn du ihn einlädst, kommt er nie. Wenn du ihn jagst, verschwindet er. Er ist sehr zart, sehr scheu, sehr weiblich – dieser Zustand namens Meditation, doch er kommt bestimmt. Wenn du geduldig warten kannst, kommt er, und sogar mehrmals am Tag.

Manchmal, wenn nachts die ganze Welt still geworden ist, ist er plötzlich da. Dann tauche hinein. Und manchmal geschieht es auch mitten auf dem Marktplatz, wenn ringsherum Krach ist. Er ist da, und du fühlst dich in eine andere Welt versetzt. Dann ist es göttliche Stille.

Wenn du diesen Dreh einmal heraus hast, wird es immer öfter geschehen. Dann fällst du gleichsam damit in Einklang. Es beginnt eine Liebesgeschichte zwischen dir und diesem Raum der Stille, der Klarheit, der Ruhe, des Stillseins. Und die Bindung wird immer tiefer. Schließlich und letztendlich ist dieser Raum immer da. Du kannst jederzeit für einen Moment die Augen schließen und ihn anschauen: Er ist da. Du kannst ihn beinahe berühren – er wird sehr greifbar. Doch es ist ein Kniff, keine Kunst. Man kann es nicht erlernen, sondern muss es tief in sich aufnehmen.

Im Osten gelten seit jeher zwei Tageszeiten als geheimnisvoll, und sie bringen dich dem Geheimnis der Existenz näher als jede andere Tageszeit. Am frühen Morgen, wenn die Sonne noch nicht aufgegangen ist und der letzte Stern verschwunden ist – dieses Licht ist kühl, denn die Sonne ist noch nicht da, und die Nacht ist schon vorbei. Diese kleine Zeitspanne nennt man in Indien *sandhya*, das heißt wörtlich: Zwischenraum. In diesem Zwischenraum fällt dir Meditieren leichter. Und genau das Gleiche geschieht beim Sonnenuntergang. Wenn die Sonne untergeht und die Nacht noch nicht da ist, ist wieder ein guter Moment zum Meditieren. Mein eigenes Gefühl ist, dass dein Leben, wenn die Nacht vorbei ist, erfrischt ist. Wenn die Sonne noch nicht aufgegangen ist, ist die Existenz um dich herum entspannter, die Aktivitäten des Tages haben noch nicht eingesetzt. Wenn du in diesem Zwischenraum still dasitzt, kannst du viel leichter in dich selbst hineingehen, als zu jeder anderen Zeit.

Die Neurose und ihre Heilung

Früher sah die Welt ganz anders aus. Die gleichen Sinnesreize, denen wir vor sechshundert Jahren in sechs Wochen ausgesetzt waren, strömen heute innerhalb eines einzigen Tages auf uns ein. An einem einzigen Tag erhalten wir heute Reize und Informationen von sechs Wochen – das bedeutet einen etwa vierzigfachen Druck, zu lernen und uns anzupassen. Der moderne Mensch muss mehr lernen können als je zuvor, weil es heutzutage mehr zu lernen gibt. Der moderne Mensch muss die Fähigkeit erwerben, sich jeden Tag neuen Situationen anzupassen, weil die Welt sich derart schnell verändert. Das ist eine große Herausforderung.

Sich einer solchen Herausforderung zu stellen, ist eine ungeheure Chance für das Wachstum von Bewusstsein. Entweder wird der moderne Mensch völlig neurotisch, oder er wird sich allein durch diesen Druck verändern. Alles hängt davon ab, wie wir uns darauf einstellen. Eins ist sicher: Das Rad lässt sich nicht zurückdrehen. Die sensorischen Reize werden immer mehr zunehmen. Es werden ständig mehr Informationen auf uns einströmen, das Leben wird sich in immer schnellerem Rhythmus verändern, und man muss Neues lernen und sich ihm anpassen. Früher lebte der Mensch in einer fast statischen Welt. Alles blieb so, wie es war. Man ließ die Welt genauso zurück, wie man sie von seinem Vater erhalten hatte, ohne das Geringste daran zu verändern. Und weil sich nichts veränderte, brauchte man nicht allzu viel zu lernen. Ein wenig dazulernen genügte, und man hatte Platz im Kopf, freien Raum, der es einem ermöglichte, geistig gesund zu bleiben. Heutzutage gibt es diesen freien Raum nicht mehr, es sei denn, man erschafft ihn bewusst.

Meditation ist heute nötiger als je zuvor. Meditation stellt eine solche Notwendigkeit dar, dass es beinahe eine Frage von Leben und Tod geworden ist. In der Vergangenheit war Meditation ein Luxus; nur wenige Menschen – ein Buddha, ein Mahavira, ein Krishna – waren daran interessiert. Die übrigen Menschen waren von Natur aus still, von Natur aus glücklich und gesund. Sie hatten es gar nicht nötig, an Meditation zu denken, denn auf unbewusste Art meditierten sie bereits. Das Leben floss so ruhig und langsam dahin, dass selbst die einfachsten Leute damit Schritt halten konnten. Heutzutage verändert sich alles so ungeheuer schnell, mit einer derartigen Geschwindigkeit, dass selbst die intelligentesten Menschen nicht mehr Schritt halten können.

Wie kann man sich unter diesem Druck entspannen? Du musst dir bewusst meditative Augenblicke suchen. Wer nicht wenigstens eine Stunde am Tag meditiert, wird nicht durch Zufall neurotisch, sondern zieht sich eigenmächtig eine Neurose zu. Eine Stunde lang sollte jeder der Welt den Rücken kehren und nach innen gehen. Eine Stunde lang solltest du so allein sein, dass nichts in dich eindringt – keine Erinnerung, kein Gedanke, keine Vorstellung. Eine Stunde lang ist dein Bewusstsein ohne jeden Inhalt. Das wird dich verjüngen, wird dich erfrischen, wird neue Energiequellen in dir freisetzen. Du kommst jünger, frischer und lernfähiger in diese Welt zurück – mit mehr Staunen in den Augen, mit größerer Ehrfurcht im Herzen – du wirst wieder zum Kind.

In der Meditation löst sich der Wirrwarr im Verstand auf, Erfahrungen werden verdaut, die Überlastung verschwindet und der Geist ist wieder klar, frisch, jung und gereinigt.

In der Vergangenheit nahm der Umfang des geistigen Inputs ein Zehntel der Zeit eines Menschen in Anspruch, und neun Zehntel waren meditative Zeit. Heute ist es genau umgekehrt: Neun Zehntel Input und ein Zehntel meditative Zeit. Du entspannst dich nur noch selten. Ganz selten sitzt du einfach still da, ohne etwas zu tun. Selbst dies eine Zehntel Zeit unbewusster Meditation verschwindet. Wenn dies passiert, wird der Mensch völlig verrückt. Und es passiert bereits. Was meine ich mit unbewusst meditativer Zeit? Du gehst einfach in den Garten und spielst mit deinen Kindern – das ist unbewusst meditative Zeit. Oder du gehst Schwimmen – das ist unbewusst meditative Zeit. Oder du mähst den Rasen oder hörst zu, wie die Vögel singen – das ist unbewusst meditative Zeit. Auch das verschwindet immer mehr, da die Menschen, immer wenn sie Zeit haben, vor dem Fernseher sitzen, als wären sie am Sessel festgeklebt.

Und das Fernsehen füllt deinen Kopf mit höchst gefährlichen Informationen, weil du sie nicht verdauen kannst. Oder du liest Zeitung. Auch dabei wirst du mit allem möglichen Unsinn vollgestopft. Immer wenn du Zeit hast, schaltest du das Radio oder den Fernseher an. Oder eines Tages, wenn du gut gelaunt bist, willst du dich entspannen und gehst ins Kino. Was soll das für eine Entspannung sein? Der Film wird dich nicht zur Entspannung kommen lassen, weil du wieder ständig mit neuen Informationen gefüttert wirst.

Entspannung bedeutet, dass du nicht mehr mit Informationen gefüttert wirst. Wenn du einen Kuckuck rufen hörst, tut es dir gut, weil du nicht mit Informationen gefüttert wirst; wenn du Musik hörst, tut es dir gut, weil du nicht mit Informationen vollgestopft wirst. Musik hat keine Sprache; sie ist reiner Klang. Sie gibt dir keine Botschaft, sondern erfreut dich einfach. Tanzen ist gut, Musik ist gut, Gartenarbeit ist gut, mit Kindern zu spielen ist gut, oder einfach da zu sitzen und nichts zu tun, ist gut. Das ist das Heilmittel.

Und wenn du es bewusst tust, wirkt es sogar noch besser. Lebe ausgewogener. Neurose ist ein unausgewogener Geisteszustand: Zu viel Aktivität und überhaupt keine Inaktivität. Zu viel Männlichkeit und überhaupt keine Weiblichkeit. Zu viel Yang und überhaupt kein Ying. Du solltest fifty-fifty leben. Du solltest darauf achten, zutiefst im Gleichgewicht zu sein.

Von der Peripherie zum Zentrum

Es gibt zwei Ebenen in dir: Die Ebene des Denkens und die Ebene des Nichtdenkens. Oder anders ausgedrückt: Die Ebene, wo du dich an der Peripherie deines Seins befindest und die Ebene, wo du im Zentrum deines Seins bist.

Nach und nach wird es dir gelingen, dich ganz mühelos von der Peripherie ins Zentrum und vom Zentrum an die Peripherie zu bewegen – genauso, wie du in dein Haus hinein und wieder hinausgehst. Du machst kein Problem daraus. Du sagst nicht: „Ich bin draußen vor dem Haus, wie komme ich bloß wieder hinein?" Oder: „Ich bin im Haus, wie komme ich jetzt wieder hinaus?" Wenn draußen die Sonne scheint, wenn es warm und angenehm ist, sitzt du im Garten. Dann wird es zunehmend heißer, du fängst an zu schwitzen und fühlst dich unbehaglich. Also stehst du auf und gehst ins Haus. Dort ist es kühl und angenehm. So gehst du immer wieder hinein und hinaus.

Genauso bewegt sich ein Mensch mit Bewusstheit und Verständnis von der Peripherie zum Zentrum, vom Zentrum zur Peripherie. Er bleibt auf nichts fixiert. Er bewegt sich ständig vom Extrovertiertsein zum Introvertiertsein hin und her, denn beide sind seine Flügel. Sie sind sich nicht Feind, sie gehören demselben Vogel. Sie halten die Balance.

Dein Äußeres und dein Inneres sind deine Flügel. Das muss man sich sehr gut einprägen, weil es sonst möglich ist … Der Verstand neigt dazu, sich zu fixieren. Es gibt Menschen, die auf den Marktplatz fixiert sind. Sie sagen, sie kämen da nicht weg, sie hätten keine Zeit für Meditation und selbst wenn sie Zeit hätten, wüssten sie nicht, wie man meditiert, und seien auch gar nicht dafür geeignet. Sie seien materialistisch eingestellt – wie könnten sie da meditieren? Sie sagen: „Leider sind wir extrovertiert, wir können nicht nach innen gehen." Sie haben nur einen Flügel gewählt. Und wenn sie am Ende frustriert sind, so ist das nur natürlich. Nur einen Flügel zu haben führt unweigerlich zu Frustration.

Dann gibt es Leute, die die Welt satt haben und vor der Welt flüchten, die in ein Kloster gehen oder in den Himalaja, die allein leben und sich zu einem introvertierten Leben zwingen. Sie schließen die Augen, sie schließen alle Türen und Fenster. Und dann langweilen sie sich. Vom Marktplatz hatten sie die Nase voll, sie waren müde und frustriert. Es war das reinste Irrenhaus, sie konnten keine Ruhe mehr finden. Es gab zu viele Beziehungen und nicht genug freie Zeit, nicht genug Raum um man selbst zu sein. Sie verloren sich in den Dingen und vergaßen ihr Wesen. Sie wurden immer materialistischer und immer weniger spirituell. Sie verloren ihre Richtung aus den Augen. Sie waren sich ihres Seins nicht mehr bewusst. Und dann flüchteten sie. Nun versuchen sie, allein zu leben, ein introvertiertes Leben zu führen. Früher oder später jedoch wird ihnen das langweilig. Sie haben einen anderen Flügel gewählt, aber wiederum nur einen. Jetzt führen sie wieder ein einseitiges Leben. Sie sind am anderen Pol dem gleichen Irrtum verfallen.

Ich bin weder für die eine noch für die andere Seite. Ich möchte, dass ihr fähig seid, auf dem Marktplatz zu leben und trotzdem meditativ zu sein. Ich möchte, dass ihr euch auf die Menschen beziehr, dass ihr liebt, dass ihr viele Beziehungen knüpft, weil sie euch bereichern und dass ihr dennoch in der Lage seid, manchmal eure Türen zu schließen und eine Zeitlang von allen Beziehungen frei zu sein, damit ihr einen Bezug zum eigenen Sein habt. Sei in Beziehung mit anderen, aber sei auch in Beziehung mit dir selbst. Liebe andere, aber liebe auch dich selbst. Gehe nach außen. Die Welt ist wunderschön und voller Abenteuer, sie ist eine Herausforderung, sie macht dich reicher. Lass diese Gelegenheit nicht ungenutzt vergehen. Wenn die Welt an deine Tür klopft und dich ruft, gehe hinaus. Und gehe ohne Angst – es gibt nichts zu verlieren, sondern alles zu gewinnen. Aber verirre dich nicht.

Gehe nicht immer weiter, bis du dich am Ende verirrt hast. Kehre zwischendurch nach Hause zurück. Vergiss die Welt ab und zu – das sind die Augenblicke der Meditation. Wenn du ausgeglichen sein willst, dann solltest du jeden Tag das Äußere und das Innere in ein Gleichgewicht bringen. Gib ihnen gleichviel Gewicht, damit du nie einseitig wirst.

Über kathartische Methoden

Es gibt einhundertzwölf Meditationsmethoden, die vor Tausenden von Jahren entdeckt wurden. Ich habe ein paar neue Methoden für den modernen Menschen geschaffen, denn die bisherigen Methoden waren für einen ganz anderen Menschentyp bestimmt, für sehr einfache Leute. Der heutige Mensch ist nicht einfach, er ist sehr komplex. Diese Methoden waren für Menschen bestimmt, die nicht unterdrückt waren, die natürlich waren. In diesen zehntausend Jahren haben die Religionen jeden unterdrückt – sexuell und auf andere Weise. Sie haben die Menschheit dazu gebracht, sich gegen ihre eigene Natur zu stellen. Früher waren die Menschen noch von Natur aus sehr still, friedlich und einfach. Sie dachten nicht so viel, waren nicht so logisch und rational, sie waren mehr in ihren Herzen, wie es primitive Völker heute noch sind. Und das Leben selbst bot noch viele Möglichkeiten zur Katharsis.

Ein Holzfäller zum Beispiel: Er braucht keine Katharsis, denn schon durch das Holzfällen werden alle seine mörderischen Instinkte hinausgeworfen. Holzfällen ist wie ein Mord an einem Baum. Ein Arbeiter im Steinbruch braucht keine kathartische Meditation. Er macht sie ohnehin den ganzen Tag. Doch die Situation des modernen Menschen hat sich geändert. Wir leben in einem solchen Komfort, dass das Leben keine Möglichkeiten zur Katharsis bietet – man kann höchstens wie verrückt Autofahren.

Deshalb sterben auch immer mehr Menschen bei Autounfällen als durch andere Ursachen. Das ist die größte Krankheit. Weder Krebs noch Tuberkulose oder irgendeine andere Krankheit fordern so viele Leben wie das Autofahren. Im Zweiten Weltkrieg starben in einem Jahr Millionen von Menschen, doch heute sterben jedes Jahr noch mehr Menschen auf der ganzen Welt wegen irgendwelcher verrückter Autofahrer.

Vielleicht hast du es schon einmal bemerkt: Wenn du am Steuer sitzt und wütend bist, fährst du schnell. Du trittst auf das Gaspedal und vergisst völlig zu bremsen. Wenn man richtig zornig oder gereizt ist, benutzt man das Auto als Ausdrucksmittel. Ansonsten leben wir in einem solchen Komfort, dass wir unseren Körper kaum mehr bewegen und immer mehr im Kopf leben.

Forscher, die sich mit den tieferen Schichten des Gehirns beschäftigt haben, behaupten, dass Menschen, die mit ihren Händen arbeiten, weniger Sorgen haben und nicht so angespannt sind. Sie schlafen gut, weil die Hände mit dem tiefsten Zentrum des Gehirns verbunden sind: Die rechte Hand mit der linken Gehirnhälfte und die linke Hand mit der rechten Gehirnhälfte. Wenn man mit den Händen arbeitet, fließt Energie vom Kopf in die Hände und wird freigesetzt. Menschen, die mit ihren

Händen arbeiten, brauchen keine Katharsis. Aber Menschen, die mit dem Kopf arbeiten, brauchen viel Katharsis, weil sie viel Energie ansammeln und es in ihrem Körper keine Möglichkeit gibt, kein Ventil, um sie freizusetzen. Also dreht sie sich im Kopf immer weiter; man wird verrückt.

Kathartische Methoden sind also für den westlichen Verstand eine absolute Notwendigkeit. Ich bezeichne sie als vorbereitende Methoden. Sie sollen alles beseitigen, was dich daran hindert, in stille Meditation zu gehen. Wenn die kathartische Methode erfolgreich war, dann bist du gereinigt. Du hast dich von deinen Repressionen befreit, du hast deine Hast, deine Unruhe, deine Ungeduld abgelegt. Jetzt kannst du in den Tempel eintreten.

Das ganze Leben ist in Meditation

Die Berge meditieren, die Sterne meditieren, die Blumen, die Bäume, die Elemente meditieren – die ganze Erde meditiert. Das ganze Leben meditiert und du kannst von überall her hineingehen – alles und jedes kann zu einer Tür werden. So ist es seit jeher gewesen. Das ist der Grund, warum es so viele Techniken gibt, und auch der Grund, warum es so viele Religionen gibt, warum die eine Religion nicht die andere Religion verstehen kann: Weil sie verschiedene Zugänge haben. Und manchmal gibt es Religionen, die man nicht einmal als Religion bezeichnen kann. Manche Menschen sind nicht als religiös zu erkennen, weil ihr Zugang so anders ist.

Zum Beispiel ein Dichter: Ein Dichter kann in Meditation gehen, ohne zu einem Lehrer zu gehen, ohne einen Tempel zu betreten, ohne sich irgendwie religiös zu verhalten – so genannt religiös. Sein Dichten, seine Kreativität, kann zur Tür werden –

durch sie kann er eintreten. Oder ein Töpfer kann in Meditation gehen, einfach indem er Tontöpfe herstellt. Sein Handwerk selbst kann zu einer Tür werden. Ein Bogenschütze kann durch sein Bogenschießen meditativ werden, oder ein Gärtner, oder wer auch immer und von wo aus auch immer. Jede Fähigkeit, die du hast, kann zu einer Tür werden. Wenn sich die Qualität deiner Bewusstheit verändert, während du etwas tust, wird es zu einer Meditation. Es kann also so viele Methoden geben, wie ihr euch nur vorstellen könnt. Jede Tätigkeit kann zu einer Tür werden. Es kommt also nicht auf die Tätigkeit, auf die Methode an, sondern auf die Bewusstseinsqualität, die du in die jeweilige Tätigkeit einbringst – darauf kommt es an.

Kabir, einer der bedeutendsten Mystiker Indiens, war ein Weber, und er blieb auch nach seiner Erleuchtung ein Weber. Er hatte Tausende von Schülern und oft kamen sie zu ihm und sagten: „Hör endlich auf zu weben. Du brauchst es nicht. Wir sind für dich da und werden dir in jeder Hinsicht dienen." Dann lachte Kabir immer und sagte: „Wenn ich webe, ist es nicht nur Weben. Ich fertige zwar Stoffe an, aber das ist nur das äußere Tun. Gleichzeitig geschieht etwas in mir, das ihr nicht sehen könnt. Weben ist meine Meditation."

Wie kann ein Weber ein Meditierender sein? Wenn die Bewusstseinsqualität, die du in das Weben einbringst, meditativ ist, dann ist die Handlung selbst nicht das Entscheidende; sie ist irrelevant. Ein anderer Mystiker war ein Töpfer; sein Name war Gorak. Er stellte irdene Töpfe her und während er seine Töpfe fertigte, tanzte und sang er dabei. Während er einen Topf auf der Scheibe machte und den Tonklumpen auf der Scheibe zentrierte, zentrierte er sich innerlich auch. Sehen konnte man nur, dass die Scheibe sich drehte, dass der Tontopf Gestalt annahm, und dass er den Tontopf zentrierte. Aber gleichzeitig fand ein anderes Zentrieren statt, er selbst zentrierte sich auch. Während er den Ton formte, dem Topf zu einer Form verhalf, nahm auch er in der unsichtbaren Welt des inneren Bewusstseins Gestalt an. Die Arbeit an dem Topf war nicht das Eigentliche, er erschuf auch sich selbst.

Jede beliebige Tätigkeit kann meditativ werden und wenn du erst einmal weißt, wie ein Akt meditativ wird, kannst du aus jedem beliebigen Tun eine Meditation machen.

Meditation im Westen

Es ist gewiss nicht einfach, im rauen Klima des Westens tief in Meditation zu gehen. Aber es ist nicht unmöglich. Es ist gewiss mühsam, weil die ganze Umgebung gegen Meditation ist. Alles ist nur auf den Verstand ausgerichtet, und Meditation ist ein Zustand von Nicht-Verstand. Die ganze Erziehung, die Kultur, die Gesellschaft, die Menschen, sie glauben alle daran, dass es nichts gibt, was über den Verstand hinausgeht. Der Verstand ist ihre ganze Welt. Und die Meditation lehnt den Verstand einfach ab und will darüber hinausgehen. Es ist schwierig. Aber selbst im Westen kannst du stille Augenblicke finden, wenn die Gesellschaft sich nicht einmischen kann. Nachts in deinem Zimmer, wenn alles schläft, wenn die Geräusche der Stadt verschwunden sind, kannst du den Osten direkt in deinem Zimmer finden.

Wenn du Zeit hast, an Wochenenden, in den Ferien, kannst du an einsame Plätze fahren, du kannst in den Wald gehen. Gehe nicht dahin, wo alle anderen hingehen, vermeide diese Orte. Du findest immer etwas. Der Westen ist nicht so stark bevölkert wie der Osten. Hier ist es sehr schwierig, einen Ort zu finden, wo keine Leute sind.

Ich habe eine Geschichte über den ersten Astronauten gehört.

Als er auf dem Mond landete, entdeckte er dort ein paar Inder, die in einer Ecke saßen und beedies rauchten. Er sagte: „Mein Gott, wie habt ihr das denn geschafft? Ihr habt nicht genug Technologie, insbesondere keine Raumfahrttechnologie. Ihr habt gar nichts. Wie ist es euch bloß gelungen, hier heraufzukommen, und nicht nur einer, sondern eine ganze Gruppe?"

Sie sagten: „Das ist ganz einfach, dazu braucht man gar keine Technologie. Einer hat auf den Schultern des anderen gestanden – immer höher, und schließlich waren wir auf dem Mond."

Der Osten ist so dicht bevölkert ... im Westen ist mehr Platz. Dort kannst du noch sehr stille, sehr friedliche Plätze finden, die noch nicht von der kopforientierten Gesellschaft verdorben sind. Weder sind die Bäume in der Universität ausgebildet worden, noch haben die Berge je etwas vom Vatikan gehört. Oder fahre einfach mit einem Boot aufs Meer, und du bist heraus aus dem Westen. Du musst gar nicht weit gehen, nur auf einen Fluss oder aufs Meer. Halte dein Boot im Wasser an, und der Sonnenaufgang wird so neu sein wie eh und je. Ost oder West spielt da keine Rolle. Die sternklare Nacht wird so frisch und so schön und rein sein, wie seit Ewigkeiten.

Du musst also nur ein wenig darauf achten, solche Augenblicke, solche Orte zu finden, wo du dich entspannen kannst, wo du meditieren kannst. Ich rate dir nicht, in einer Straße in London zu sitzen und zu meditieren. Das ist möglich, wenn du dich mit Meditation auskennst und schon oft den Weg nach innen gegangen bist. Dann spielt es keine Rolle, ob es London oder New York ist. Sobald du mit deinem Sein im Einklang bist, kennst du den Weg und wie du hinkommst. Dann ist es egal, wo du bist. Allein oder in der Menge, im stillen Wald oder im Lärm der Stadt, es ist alles dasselbe. Du kannst einfach deine Augen schließen und verschwinden.

Setze dich unter einen Baum.
Ein leichter Wind weht, und das Laub raschelt im Baum.
Der Wind streift dich, weht um dich herum und zieht
vorbei. Aber lass ihn nicht einfach so vorbeiziehen,
sondern gestatte ihm, in dich einzudringen
und durch dich hindurchzuwehen.
Schließe die Augen, während der Wind durch den Baum
weht und die Blätter rauschen. Spüre, wie du selbst ein
Baum bist, wie du offen bist und der Wind durch dich
hindurch weht – nicht an dir vorbei,
sondern direkt durch dich hindurch. Das Rauschen des
Baumes wird in dich dringen und du wirst spüren,
wie die Luft durch jede Pore deines Körpers dringt.

Momente des Glücks

Ein Mensch der Vergnügen sucht, erfährt kurze Momente des Glücks und glaubt, dieses Glück käme von außen, dabei kommt es immer von innen. Versuche, das zu verstehen ... Du bist in einen Menschen verliebt, du hast Sex, du genießt es und erfährst ein kurzes Aufflackern von Glück. Einen Moment lang fühlst du dich vollkommen wohl. Alle Sorgen, alle geistigen Spannungen sind verschwunden. Für einen kurzen Moment bist du hier und jetzt. Du hast alles vergessen, es gibt keine Vergangenheit und keine Zukunft. Aus diesem Grund – weil du ganz im Hier und Jetzt bist, strömt aus deinem Innern Energie. Dein inneres Selbst ist ein Fließen geworden und du erlebst ein kurzes Gefühl von Glück.

Aber du glaubst, dass dieses Glück von deinem Partner kommt, von der Frau oder dem Mann. Es kommt nicht von der Frau oder dem Mann. Es kommt aus dir! Der andere hat dir nur geholfen, aus der Vergangenheit und der Zukunft herauszukommen und in der Gegenwart zu sein. Der andere hat dir geholfen, dich ins Jetzt zu bringen. Wenn du ohne Sex im Jetzt sein kannst, wird Sex nach und nach überflüssig, er wird verschwinden. Du wirst kein Verlangen mehr danach haben. Wenn du möchtest, kannst du Sex haben, aber dann ist es Spaß und kein Verlangen mehr. Die Besessenheit verschwindet, weil du nicht mehr davon abhängig bist.

Setz dich einmal morgens unter einen Baum, noch bevor die Sonne aufgeht. Später, wenn die Sonne aufgegangen ist, wird dein Körper schon unruhig und ist innerlich nicht mehr in Frieden. Aus diesem Grund hat man im Osten immer vor Sonnenaufgang meditiert. Und sie hatten recht, denn mit der Sonne steigen die Energien auf und beginnen wieder in die alten Muster zu fließen, die du geschaffen hast.

Am frühen Morgen, noch vor Sonnenaufgang sitzt du unter einem Baum. Alles ist still und die Natur schläft noch fest – die Bäume schlafen, die Vögel schlafen, die ganze Welt schläft; auch dein Körper schläft innerlich. Alles ist still. Dann sei einfach hier in diesem Augenblick. Tue gar nichts, meditiere nicht einmal. Gib dir zu nichts Mühe. Schließe nur die Augen und bleib still in der Stille der Natur. Auf einmal erlebst du das gleiche innere Aufleuchten, das du beim Sex erfahren hast, vielleicht sogar noch stärker, noch tiefer. Plötzlich fühlst du, wie eine Flut von Energie aufsteigt. Und jetzt kannst du dich nicht täuschen, denn es ist niemand anderes da. Die Energie kommt aus dir selbst, sie kommt von innen. Kein anderer gibt sie dir; du gibst sie dir selbst.

Aber für diese Erfahrung braucht man Stille und eine Energie, die nicht in Erregung ist. Du tust nichts, du sitzt einfach unter dem Baum und das Aufleuchten ist da. Jetzt ist es nicht Vergnügen, sondern Glück, denn du schaust in die richtige Richtung, du siehst den wahren Ursprung. Wenn du das einmal erfahren hast, verstehst du auch, dass beim Sex der Partner nur ein Spiegel war, in dem du gespiegelt wurdest. Und umgekehrt warst du auch für den anderen ein Spiegel. Ihr habt euch gegenseitig geholfen, in die Gegenwart zu fallen, dem ewig denkenden Verstand zu entkommen und in einen anderen Seinszustand zu gelangen – in Meditation.

Je mehr sich die Energie auf den Verstand konzentriert, desto größer ist die Anziehungskraft von Sex. Im Osten hat Sex nie eine so große Rolle gespielt wie im Westen. Dort ist Sex zu einer Art Besessenheit geworden. Filme, Romane, Dichtung, Zeitschriften, alles ist sexuell geworden. Man kann nichts mehr verkaufen, ohne es mit Sexappeal zu verbinden.

Ein Auto lässt sich nur verkaufen, wenn es zum Sexobjekt gemacht wird. Wenn du Zahncreme verkaufen willst, musst du ihr irgendwie Sexappeal anhängen. Ohne Sex lässt sich nichts verkaufen. Es scheint, dass nur Sex einen Marktwert hat, eine Bedeutung hat, sonst nichts.

Das ganze Denken ist von Sex besessen. Warum? Warum war das noch nie so ausgeprägt wie heute? Es ist ein neues Phänomen in der Menschheitsgeschichte. Der Grund ist, dass der Westen vollständig vom Denken absorbiert ist. Es gibt für die Menschen keine andere Möglichkeit mehr, hier und jetzt zu sein, als durch Sex. Die sexuelle Energie bewegt sich so schnell, dass dein Verstand zum Stillstand kommt. Die Energie fließt so schnell, so lebendig, dass deine normalen Denkmuster stillstehen. Jedes Mal also, wenn du Momente des Vergnügens erfährst, verwandle sie in eine meditative Situation. Jedes Mal, wenn du etwas genießt, wenn du glücklich bist, voller Freude, dann schließe die Augen, schau nach innen und erkenne, wo es herkommt. Lass dir diesen Moment nicht entgehen; er ist sehr wertvoll.

Gedanken kommen und gehen – beobachte sie

Ich bin nicht gegen den Verstand, sondern nur gegen die Identifikation mit ihm. Wenn du nicht mehr mit dem Verstand identifiziert bist, hast du ihn hinter dir gelassen. Dann bist du der Meister und kannst den Verstand gebrauchen. Wenn der Verstand sich dauernd mit Problemen beschäftigt, versuche nicht, gegen seine Arbeitsweise vorzugehen, sondern lerne eine neue Fähigkeit, eine neue Art, den Verstand zu sehen.

Mach nur eins: Lass den Verstand seine Probleme lösen. Lass den Verstand durch den ganzen Vorgang des Problemlösens hindurchgehen, und du bleibst einfach Zeuge, du identifizierst dich nicht mit dem Verstand.

Der Verstand ist ein Mechanismus, ein Computer; genau das ist der Verstand. Das bist nicht du. Du bist der Beobachter dahinter. Du siehst alle Stimmungen des Verstandes. Du brauchst dich nicht mit ihnen zu identifizieren. Das ist der Punkt, wo das Problem entsteht. Ansonsten gibt es überhaupt keins. Das einzige Problem besteht darin, dass wir uns identifizieren.

Wenn dir zum Beispiel ein wütender Gedanke in den Kopf kommt, und dein Biocomputer heiß läuft, er über etwas wütend ist, dann kannst du es sehr losgelöst und kühl beobachten. Du siehst: „Ja, der Mechanismus ist heißgelaufen." Es ist genauso, wie wenn das Auto streikt und du merkst, dass die Maschine zu heiß ist. Dann identifizierst du dich auch nicht damit. Obwohl ich einige Leute kenne, die sich sogar mit ihrem Auto identifizieren. Wenn ihr Auto heiß läuft, laufen sie auch heiß. Lass Distanz entstehen. Lass die Maschine ruhig heißlaufen – du beobachtest sie einfach.

Ich sage nicht: Sei nicht wütend. Ich sage nicht, du sollst die Wut unterdrücken, nichts dergleichen. Ich sage auch nicht, du sollst die Wut verurteilen. Man braucht nichts zu bewerten. Warte einfach ab, ohne ein Werturteil zu fällen. Schau dir den Vorgang einfach vorurteilslos an, ohne jede Voreingenommenheit, schau dir nur die Tatsache an. So, wie du ein Blatt vom Baum fallen siehst, genauso siehst du, dass der Verstand wütend ist. Und wenn die Wut verschwindet, beobachte ihr Verschwinden.

Im Verstand kommen und gehen so viele Dinge, aber du bleibst bestehen, ein Beobachter auf dem Hügel. Das ist eine Kunst, die man nur lernt, indem man sie anwendet. Je mehr du davon Gebrauch machst, desto einfacher wird es. Bald wirst du sehr geschickt darin und dann kann der Verstand seiner Arbeit nachgehen; es stört dich nicht.

Geh ans Meer, setz dich einfach ans Ufer, an den Strand, und schau hinaus. Die Wellen steigen und fallen, es gibt Ebbe und Flut. Das Meer geht durch viele Stimmungen. Was kannst du anderes tun, als dazusitzen und zuzuschauen? Genauso ist es mit den Gedanken – sie sind auch ein Meer, Wellen steigen und fallen. Manchmal herrscht Flut, und du bist aufgeregt, und manchmal ist Ebbe, und du fühlst dich ruhiger.

Es ist wirklich so. Das ganze Bewusstsein ist wie ein Ozean, und dein Verstand gehört nicht dir; dein Verstand ist Teil des kollektiven Verstandes; ringsherum bist du vom Ozean des Bewusstseins umgeben. Du bist vom Bewusstsein umgeben, wie der Fisch vom Meer, drinnen und draußen, links und rechts, oben und unten ist das Meer mit seinen Wellen. Wer bist du, dass du es aufwühlen willst? Und wer bist du, dass du die Wellen beruhigen und zum Schweigen bringen willst? Wie willst du das machen?

Wenn jemand zu eifrig daran interessiert ist, seinen Verstand zur Ruhe zu bringen, macht er es sich damit nur noch schwerer. Es ist nicht möglich. Und wenn du das Unmögliche versuchst, bist du frustriert. Dann findest du tausendundeinen Grund, warum es nicht passiert. Aber es kann einfach nicht passieren.

Beobachte einfach nur. Es ist nicht dein Problem, dass die Gedanken kommen und gehen. Sie kommen von sich aus und sie gehen von sich aus. Was beschäftigst du dich damit? Du kannst sie nicht beruhigen, weil sie nicht dir gehören. Sie gehören zu dem unendlichen Meer, das dich umgibt. Sie waren da, als du nicht da warst. Und eines Tages bist du nicht mehr da, und sie werden bleiben.

Beobachte die Wellen, und je mehr du sie beobachtest, desto mehr erkennst du ihre Schönheit. Je mehr du beobachtest, desto deutlicher kommen die feinen Nuancen der Gedanken zum Vorschein. Es ist ein herrliches Schauspiel – aber du musst Zeuge bleiben. Du bleibst einfach am Strand sitzen oder legst dich in die Sonne, und lässt das Meer seine Arbeit tun. Du mischst dich nicht ein.

Man muss sich mit der inneren Leere anfreunden.
Sobald man sich mit ihr angefreundet hat,
verändert die Leere plötzlich ihre Natur –
sie wird zum Ganzen.
Dann ist sie nicht leer, nicht negativ;
sie ist das Positivste von der Welt.
In der Tat bedeutet das Wort allein,
dass alles eins ist, ein Ganzes.
Das ist All-eins-sein. All-eins ist allein.

8. Alleinsein –
die Freude, einfach nur zu sein

ALLEINSEIN IST DER EVEREST VON MEDITATION, DER HÖCHSTE SONnenbeschienene Gipfel. Wenn du das Alleinsein erst einmal genießen kannst, dann wächst deine Freude daran, sie wird immer größer. Dann scheint das ganze Universum voller Freude und voller Duft zu sein. Alleinsein ist das Höchste, das man im Leben erreichen kann. Aber davor liegt eine schmerzvolle Übergangszeit. Normalerweise lebt der Mensch einsam und er unternimmt alles Mögliche, nur um seiner Einsamkeit aus dem Weg zu gehen: Er hat Beziehungen und Freundschaften geschaffen, Organisationen, politische Parteien und Religionen gegründet, und was sonst nicht alles. Sie alle verschaffen ein wenig Erleichterung von der Einsamkeit, aber grundsätzlich verändert sich dadurch nichts. Der Tag, an dem du beschließt, dass alle diese Bemühungen vergeblich waren, dass deine Einsamkeit davon unberührt geblieben ist, ist der Tag einer großen Einsicht. Dann bleibt dir nur eins: Nachzuschauen, ob diese Einsamkeit wirklich etwas ist, wovor du Angst haben musst, oder ob sie einfach deine Natur ist. Anstatt dann nach außen zu gehen und wegzulaufen, schließt du deine Augen und gehst nach innen. Plötzlich ist die Nacht vorüber ... Die Einsamkeit verwandelt sich in Alleinsein.

Alleinsein ist deine Natur. Du bist allein geboren und du wirst allein sterben. Und du lebst allein, ohne es zu verstehen, ohne dir dessen völlig bewusst zu sein. Du verwechselst Alleinsein mit Einsamkeit, aber das ist nur ein Missverständnis. In Wirklichkeit bist du dir selbst genug.

Wegen unserer alten Angewohnheiten ist die Übergangszeit etwas schwierig und schmerzhaft, aber sie dauert nicht lange. Und damit sie so kurz wie möglich ist, musst du lernen, dein Alleinsein immer mehr zu genießen. Genieße es total. Singe, tanze, male, tue alles, wozu du keine Zeit hast, wenn du in einer Beziehung bist.

Sei kreativ, und je kreativer du bist, umso fröhlicher, umso tanzender, umso unbeschwerter bist du. Lass deine ganze Energie in die Freude strömen, allein zu sein. Du hast nur ein bestimmtes Maß an Energie – entweder du kannst tanzen oder du kannst traurig sein. Wenn du halbherzig tanzt, hebst du dir Energie auf für die Traurigkeit. Deshalb betone ich immer: Lebe jeden Augenblick so total und intensiv, dass keine Energie für Traurigkeit, Unglück oder Wut mehr übrig bleibt – es ist einfach keine mehr da.

Aber das bedeutet nicht, dass du keine Beziehungen haben kannst. Im Gegenteil, nur ein Mensch, dessen Alleinsein eine Freude ist, kann sich auf andere beziehen, weil es nicht aus Not heraus geschieht. Er ist ein Gebender. Er teilt die Fülle seiner Freude, seiner Zufriedenheit, seiner Stille und seines Glücks mit dem anderen. Wenn zwei Menschen die Schönheit des Alleinseins kennen, erreicht die Liebe ihren Gipfel. Eine solche Liebe wird eine der schönsten Meditationen, in der zwei Menschen miteinander verschmelzen und eins werden.

Der Verstand hat immer tolle Argumente

Abgeschiedenheit hat eine heilende Wirkung; sie ist eine Heilkraft. Immer wenn du das Gefühl hast, dass du durcheinander bist, suche nicht nach Lösungen. Zieh dich ein paar Tage, an besten drei Wochen aus der Gesellschaft zurück. Sei einfach still, beobachte dich selbst, spüre dich, sei mit dir, dann wird dir eine starke heilende Kraft zur Verfügung stehen.

Die Wissenschaftler sagen, die Überbevölkerung sei schuld daran, dass die ganze Menschheit langsam verrückt und wahnsinnig wird. Der Druck ist dermaßen stark. Nie kannst du allein sein. Im Zug, im Bus, im Büro, wohin man kommt – überall erstickt man in Menschenmengen. Auch der Mensch hat das Bedürfnis nach Raum, er möchte in Ruhe gelassen werden. Wenn du nach Hause kommst, ist deine Frau da, sind deine Kinder da und ständig kommen Verwandte. Und in Indien ist der Gast immer noch ein Gott! Dieser Druck von allen Seiten macht dich verrückt, aber du kannst den Leuten nicht einfach ins Gesicht sagen: „Lass mich in Ruhe." Wenn du zu deiner Frau sagst: „Lass mich in Ruhe!", wird sie wütend: „Was fällt dir ein?!" Sie hat den ganzen Tag auf dich gewartet. Man braucht etwas Raum, um sich geistig entspannen zu können.

Wenn du dich allein in die Berge zurückziehst, hast du überall Raum, unendlichen Raum. Der Druck der Masse, der Druck der anderen um dich herum fällt von dir ab. Du schläfst tiefer, du wachst am Morgen völlig anders auf, du fühlst dich frei. Ein innerer Panzer ist verschwunden. Du fühlst dich nicht mehr gefangen, nicht mehr angekettet.

Es tut sehr gut. Aber wir sind so süchtig nach Menschenmengen, dass wir uns nur ein paar Tage lang allein wohl fühlen. Dann kehrt das Verlangen zurück, wieder in die Menge einzutauchen. In jedem Urlaub, den du machst, willst du nach drei Tagen am liebsten wieder nach Hause. Die alten Verhaltensmuster und Gewohnheiten geben dir das Gefühl, nutzlos zu sein. Allein weißt du nicht, was du tun sollst, und selbst wenn du etwas tust, erfährt kein Mensch etwas davon. Niemand schaut dir dabei zu, niemand spendet dir Beifall. Wenn du allein bist, kannst du nichts mit dir anfangen, weil du dein Leben lang immer nur etwas für andere getan hast. Du fühlst dich nutzlos. Schlag dir den Gedanken an Nützlichkeit aus dem Kopf und sei nutzlos. Nur so kannst du allein sein.

Die Gesellschaft will aus dir einen ökonomischen Faktor, ein Objekt machen – leistungsfähig, zweckdienlich. Nur dann bist du zu gebrauchen; sonst nicht. Die Gesellschaft predigt ständig, der Nutzen sei das Ziel des Lebens. Das ist Unsinn.

Ich will damit nicht sagen: Sei nutzlos. Ich sage nur, dass der Nutzen nicht das Ziel ist. Du musst mit der Gesellschaft leben, aber dir gleichzeitig die Fähigkeit bewahren, jederzeit nutzlos zu sein. Sonst wird man zu einer Sache und hört auf, eine Person zu sein. Wer in die Einsamkeit, ins Alleinsein geht, ist mit diesem Problem konfrontiert. Er wird sich nutzlos vorkommen.

Ich habe mit vielen Menschen gearbeitet und ihnen manchmal vorgeschlagen, sich für drei Wochen oder drei Monate in völlige Abgeschiedenheit und Stille zurückzuziehen. Ich sage ihnen, dass sie damit rechnen sollen, nach sieben Tagen zurückkommen zu wollen, und dass ihr Verstand ihnen alle möglichen Gründe liefern wird, um nicht dort bleiben zu müssen, um zurückkehren zu dürfen. Ich sage ihnen, sie sollen nicht auf diese Argumente hören und sich vornehmen, unbedingt die festgesetzte Zeit durchzuhalten und nicht vorher wegzulaufen. Sie antworten, dass sie es doch freiwillig tun, warum sollten sie weglaufen wollen? Ich erkläre ihnen, dass sie sich selbst nicht kennen. Es werde drei bis sieben Tage gut gehen, und dann würden sie Sehnsucht bekommen, nach Hause zu gehen.

Die Gesellschaft ist für uns eine Art Rausch geworden – sie ist ein Rauschmittel. In nüchternen Augenblicken wünschst du dir vielleicht, allein zu sein, aber wenn du dann allein bist, wirst du nach drei Tagen denken: „Was mach ich hier bloß?"

Denk daran: Nützlichkeit ist etwas Gesellschaftliches. Die

Gesellschaft benutzt dich und du benutzt die Gesellschaft. Das Verhältnis beruht auf Gegenseitigkeit. Aber das Leben dreht sich nicht um Nützlichkeit. Es ist zweckfrei, absichtslos. Es ist ein Spiel, ein Fest. Wenn du dich also in die Einsamkeit zurückziehst, dann genieße es, bedaure es nicht. Du kannst dir nicht vorstellen, was für Argumente dein Verstand vorbringen wird. Du wirst denken: „Es gibt so viel Elend in der Welt, und ich sitze hier und tue nichts! Sieh doch nur, was in Vietnam los ist und in Pakistan und was in China los ist. Und dein eigenes Land liegt im Sterben, es gibt nicht genug zu essen, nicht genug Wasser. Und du sitzt hier und meditierst. Wozu soll das gut sein?"

Der Verstand wird die tollsten Argumente vorbringen; der Verstand ist ein großer Überredungskünstler. Er wird versuchen, dich rumzukriegen, er wird dir einreden, dass du deine Zeit vergeudest. Aber hör gar nicht hin. Stell dich von vornherein darauf ein: „Ich werde meine Zeit vergeuden. Ich werde zu nichts nütze sein. Ich werde es einfach nur genießen, hier zu sein."

Und mach dir keine Sorgen um die Welt. Die Welt läuft weiter. Sie war immer übel dran, und sie wird immer übel dran sein. So ist die Welt nun einmal. Du kannst nichts daran ändern, also versuche nicht, ein großer Reformator, ein Revolutionär zu werden. Versuch es nicht. Sei einfach nur du selbst und genieße deine Abgeschiedenheit, sei einfach wie ein Fels oder ein Baum oder ein Fluss. Wozu dient ein Fels, der einfach nur da liegt, im Regen, in der Sonne, unter den Sternen? Zu gar nichts. Der Fels genießt sich so, wie er ist. Sei einfach ein Fels.

In japanischen Zen-Klöstern gibt es Felsengärten, die extra dafür angelegt sind. Da gibt es keine Bäume im Garten, nur Sand und Felsen. Ein einsamer Felsblock liegt da und der Meister sagt zum Schüler: „Geh und sei wie ein Fels, genau wie dieser Fels dort. Mach dir keine Gedanken über die Welt. Dieser Fels bleibt dort, wo er ist, egal, was mit der Welt geschieht. Er kümmert sich um gar nichts. Er ist immer in Meditation."

Solange du nicht wirklich bereit bist, nutzlos zu sein, kannst du nicht allein sein, kannst du nicht in der Abgeschiedenheit leben. Und wenn du einmal die Tiefe des Alleinseins erfahren hast, kannst du wieder in die Gesellschaft zurückkehren. Du musst zurückkehren, weil Abgeschiedenheit keine Lebensweise ist, sondern nur eine Übung. Sie ist keine Lebensweise, sondern nur eine tiefe Entspannung, um eine andere Perspektive zu bekommen. Du verlässt nur den Gleichschritt der Gesellschaft, um dich selbst anzuschauen – wer du bist, du allein.

Denkt also nicht, dies wäre eine Art zu leben. Viele haben daraus eine Lebensweise gemacht. Sie sind im Irrtum, absolut im Irrtum. Sie haben aus einem Arzneimittel ein Lebensmittel gemacht. Es ist keine Lebensweise, sondern nur eine Arznei. Du gehst nur für kurze Zeit hinaus, um etwas Abstand zu gewinnen, um nachzuschauen, wer du bist und was die Gesellschaft aus dir macht. Wenn du draußen stehst, siehst du die Dinge klarer, dann kannst du beobachten. Wenn du unbetroffen bist, nicht mittendrin steckst, kannst du zum Beobachter auf dem Berg werden, kannst du zum Zeugen werden. Du hast so viel Abstand, dass du ganz ungestört und unvoreingenommen hinschauen kannst.

Danach komm zurück und lebe wieder in der Gesellschaft, in der Menge; und versuche, diese Schönheit, diese Stille zu bewahren, die dir widerfahren ist, als du allein warst. Erhalte sie dir, bleibe in Kontakt mit ihr. Misch dich unter die Menschen, aber werde nicht Teil der Masse. Lass die Menge dort draußen – bleibe allein.

Und wenn du es schaffst, in der Menge allein zu sein, dann hast du das echte Alleinsein erreicht. Auf einem Berg ist es leicht, allein zu sein, da hilft dir die ganze Natur und nichts hindert dich. Aber zurück in der Stadt zu sein, im Geschäft, im Büro, in der Familie, und weiterhin allein zu sein – das ist ein Erfolg. Dann ist es deine eigene Errungenschaft und nicht einfach nur Zufall – etwas, das nur der Bergeshöhe zuzuschreiben war. Jetzt ist dein Bewusstsein anders beschaffen.

Bleibe also selbst mitten in der Menge allein. Die Menge ist rings um dich herum, aber du gewährst ihr keinen Einlass. Beschütze das Gewonnene. Verteidige es, lass nicht zu, dass es gestört wird. Und sobald du das Gefühl hast, es ist abgestumpft, es fehlt dir, die Gesellschaft hat es gestört, Staub hat sich darauf gelegt, die Quelle ist nicht mehr frisch – dann geh wieder hinaus. Zieh dich aus der Gesellschaft zurück, um die Erfahrung zu erneuern und sie wieder zum Leben zu erwecken. Dann komm wieder zurück und lebe unter den Menschen. Irgendwann kommt der Augenblick, an dem diese ursprüngliche Quelle frisch bleibt und sie niemand mehr verunreinigen kann. Dann kannst du da bleiben, wo du bist.

Das ist also nur eine Methode, aber kein Lebensstil. Werde kein Mönch, werde keine Nonne, geh nicht für den Rest deines Lebens ins Kloster. Das ist Unsinn. Wenn du immer in einem Kloster lebst, wirst du nie wissen, ob das, was du erreicht hast, wirklich deins ist, oder ob du es nur dem Kloster verdankst. Vielleicht ist es ja nur äußerlich, nicht essentiell. Das Essentielle muss getestet werden, es muss in der Gesellschaft Bestand haben. Und wenn ihm nichts mehr etwas anhaben kann, wenn du dich darauf verlassen kannst, wenn es unveränderlich ist, dann ist der Kristallisationspunkt gekommen.

Gehe sooft wie möglich in dein Alleinsein hinein. Immer wenn du Gelegenheit dazu hast, setz dich still hin, schließe die Augen, entspanne dich und schau nach innen. Beschäftige dich nicht unnötig, nur um deinem Alleinsein auszuweichen.

Nach und nach legt sich der Wirbel, der Verstand wird ruhig, und eine tiefe Stille breitet sich aus. Auf einmal spürst du dein innerstes Sein, dein eigentliches Lebenszentrum, das allein ist. Da ist niemand und da wird auch nie jemand sein.

Niemand außer dir kann hierher kommen. Es ist dein Territorium, es ist der einzige Ort, der dir gehört. Niemand kann ihn dir wegnehmen, nicht einmal der Tod. Der betrifft nur das Äußere, den Körper und den Verstand, aber nicht diesen inneren Raum, den wir seit Jahrtausenden die Seele, den Geist nennen oder das Göttliche in dir. Nenn es wie du willst. Wenn du dieses Alleinsein erst einmal kennst, verschwindet alle Angst und es öffnet sich dir eine neue Dimension der Glückseligkeit. Anstatt vor dem Alleinsein Angst zu haben, bist du immer mehr von seinem Mysterium fasziniert. Du möchtest immer öfter allein sein.

Mitten in der Nacht wachst du auf, du sitzt in deinem Bett und gehst in dein Alleinsein hinein. Und es ist nur eine Frage von etwas Übung. Indem du immer wieder hinein- und hinausgehst, fällt es dir leichter, du wirst mit dem Weg vertraut. Es wird so einfach – sobald du die Augen schließt, kommst du sofort in deinem Zentrum an.

FREUNDE DICH MEHR UND MEHR MIT DER NACHT AN

In der Vollmondnacht zu tanzen
ist eine der großartigsten Meditationen.
Tanze mit dem Mond ohne jeden Grund –
lass den Mond in dich eindringen.
Beim Tanzen bist du offener, verletzlicher.
Wenn du wie betrunken bist vom Tanz,
wenn niemand mehr da ist, der tanzt,
sondern nur noch der Tanz da ist,
dann dringt der Mond in dein Herz ein,
dann erreichen seine Strahlen
den innersten Kern deines Seins.
Du wirst sehen, dass jede Vollmondnacht
zu einem Meilenstein
in deinem Leben werden kann.

Es gibt nur ein einziges Kriterium zu beachten:
Das, wobei du dich gut fühlst –
glücklich, friedlich, spontan,
was sozusagen von selbst geschieht –
das ist dein Weg.

9. Folge deiner eigenen Natur

WENN DU NATÜRLICH UND SPONTAN SEIN KANNST, IST DAS GENUG. Alle Anführer haben dich fehlgeleitet. Und man kann es sehen: Die ganze Menschheit wurde immens fehlgeleitet. Wie könnte es sonst so viel Wahnsinn geben? Wie könnte es sonst so viel Leid, so viel Verzweiflung, so viel spirituelle Not geben? Der Grund ist, dass niemand einfach nur er selbst sein darf, ein natürliches Wesen.

Eure so genannten Religionen vertrauen nicht der Natur. Sie vertrauen heiligen Schriften, sie vertrauen toten Worten, die vor Tausenden von Jahren von Leuten gesprochen wurden, die wir nicht kennen. Ob sie sich nun erkannt hatten oder alles nur erfunden hatten ..., solange du nicht selbst erkannt hast, kannst du nie sicher sein. Doch sie formen dich nach Mustern, die in der Vergangenheit geschaffen wurden. Menschen zu Christen, Hindus, Muslimen oder Buddhisten zu erziehen, ist gegen die elementaren Menschenrechte; es erlaubt dir nicht, ganz natürlich du selbst zu sein. Und solange du nicht du selbst bist, kannst du nicht glücklich sein.

Stell dir nur mal vor, es gäbe Lehrer, die den Rosen beibringen, Lotusse zu werden. Glücklicherweise kümmern sich Rosen nicht um Lehrer, um Religionen und Kirchen. Aber stell dir für einen Moment vor, dass es Leute gibt, die den Rosen erzählen, sie sollten Lotusblumen werden, den Gänseblümchen, sie sollten Rosen werden – was würde dabei heraus kommen? Die Rosen würden versuchen, Lotusblumen zu werden. Aber das ist unmöglich, denn es ist nicht ihre Natur. Sie können nur wunderschöne, duftende Rosen sein. Aber wenn ihnen die Idee übergestülpt wird, etwas anderes zu sein, als es ihrer Natur entspricht, dann passieren zwei Dinge: Sie werden niemals Lotusblumen sein und sie vergeuden ihre ganze Energie damit, welche zu werden. Und das zweite: Sie können auch keine Rosen mehr sein, denn woher sollen sie die Energie nehmen, um Rosen zu sein? Ihre ganze Energie strebt nach etwas Unmöglichem.

Und genau das ist mit der Menschheit passiert. Jeder stülpt dir eine Idee über, jeder ist bereit, dir zu sagen, wie du zu sein hast.

Wirf alle „sollte" und „sollte nicht" über Bord. Hör einfach auf deine innere Stimme und geh dahin, wo sie dich hinführt. Kümmere dich nicht darum, ob die anderen es für richtig oder falsch halten. Nur wenn du du selbst sein kannst, wenn du in deiner eigenen Natur erblühen kannst, erfährst du Glückseligkeit und einen Frieden, der sich nicht in Worte fassen lässt. Dein Sein hat eine Poesie, dein Sein hat einen Tanz, denn jetzt bist du im Einklang mit der Existenz. Im Einklang mit dir selbst zu sein ist der einzige Weg, um im Einklang mit der Existenz zu sein. Niemand braucht persönliche Führung, denn jede persönliche Führung ist nur ein schöner Name für Abhängigkeit von jemandem, der dich verbiegen wird.

Ich gebe dir keine Disziplin – ich sage dir nicht, dass du so oder so sein sollst. Ich sage dir nur, dass du still werden sollst, damit du deine leise innere Stimme hören kannst. Sie ist dein wirklicher Führer. Dein Führer ist in dir.

Ich kenne Hunderte von Psychoanalytikern, Psychologen, so genannten Beratern. Sie sind selbst mit allen möglichen Problemen beladen, sie kennen nur eine Technik, die sie entweder in ihrer Ausbildung oder in Bibliotheken gelernt haben. Und sie geben ständig Ratschläge – Ratschläge zu geben ist so einfach. In ihrem eigenen Leben befolgen sie diese Ratschläge nicht. Wenn du ihr Leben betrachtest … ich habe mir das Leben von

Sigmund Freud und anderen berühmten Beratern sehr genau angesehen: Carl Gustav Jung, Alfred Adler, Roberto Assagioli. Ich war schockiert, dass diese Leute zu Beratern von Millionen von Menschen geworden sind.

Ein Meditierender braucht keine persönliche Führung. Im Gegenteil, ein Meditierender braucht nur eins: Die Atmosphäre von Meditation. Er braucht andere Meditierende, er muss von anderen Meditierenden umgeben sein. Denn was in unserem Inneren geschieht, ist nicht nur innen, es beeinflusst auch die Menschen, die uns nahe sind. Wenn du mit diesen Menschen meditierst, einfach mit diesen Menschen in Stille sitzt, wirst du immer mehr zu deinem eigenen inneren Potential hingezogen.

Ich möchte nicht, dass du jemand anderes wirst, ein Gautam Buddha oder ein Jesus Christus. Ich möchte, dass du einfach du selbst bist, unbekannt, nichts besonderes, aber voller Glückseligkeit. Du bist schon auf dem richtigen Weg. Vertraue dir selbst, und mit jedem Schritt wird dein Vertrauen größer werden.

Frage niemals um Rat, denn jeder ist so unterschiedlich und so einzigartig. Jemanden wie dich hat es noch nie gegeben und es wird auch nie jemanden wie dich geben. Daher existieren tatsächlich gar keine Richtlinien für dich. Das Dasein ist enorm mitfühlend. Es hat dir dein ganzes Lebensprogramm in Samenform mitgegeben. Wenn du niemanden fragst und nur still deinem eigenen Herzen zuhörst und ihm folgst, kannst du dort ankommen, wo du dich zuhause fühlst, wo du plötzlich realisierst, wer du bist, wo du plötzlich eine Synchronizität mit der ganzen Existenz verspürst.

Mit allem, was natürlich ist, mit den Bäumen, den Wolken, den Bergen, dem Meer, mit allem fällst du in eine Harmonie. Mit Maschinen, mit großen und imposanten Computern, mit Fabriken, Autos und Zügen empfindest du keine Harmonie, kannst du keine Harmonie empfinden – es geht gar nicht, denn das sind Dinge ohne Herz, ohne Leben. Sie können nicht singen, sie können nicht tanzen. Hast du schon einmal einen Computer tanzen sehen? Hast du schon einmal von einem Computer gehört, der sich in einen weiblichen Computer verliebt hat? Mit Maschinen spürst du keine Harmonie. Mit allem, was natürlich ist, was wächst und blüht, mit allem, was sich bewegt und atmet, was einen Herzschlag hat, fällst du in eine wunderbare Harmonie. Dein Herzschlag wird mit dem Herzschlag des Universums verschmelzen – ganz ohne persönliche Beratung.

Ich bin kein Berater. Keinen einzigen Augenblick in meinem Leben habe ich daran gedacht, dass jemand meinen Vorstellungen entsprechen sollte. Ich teile meine Vorstellungen, ich teile meine Erfahrungen – nicht, damit du einem bestimmten Ideal entsprechen sollst, ich teile sie mit dir als Weggefährte. Kann sein, dass sie zu dir passen. Kann sein, dass dir plötzlich bewusst wird, dass sie sehr natürlich für dich sind – dass du dir dessen nur nicht bewusst warst. Aber dann sind es nicht meine Ideen, sondern deine eigenen Ideen, die dir jetzt bewusst geworden sind. Ich teile meine Ideen mit dir, nicht um aus dir einen bestimmten Prototyp zu machen, sondern um dir Einsichten in deine eigene Natur zu vermitteln.

Ich kenne mich selbst, ich kenne meine Natur; ich weiß, dass alle, die es gut mit mir gemeint haben, meine Eltern, meine Lehrer, mein Professor, meine Freunde ihr bestes getan haben, jemand anderen aus mir zu machen. Und ich bin der Existenz ungemein dankbar, dass ich auf niemanden gehört habe. Ich bin einfach weiterhin meiner inneren Stimme gefolgt. Ich habe mich nicht darum gekümmert, ob sie mich in die Hölle oder in den Himmel führt. Denn mein Gefühl ist, wenn sie mich in die Hölle führt, dann ist das vielleicht der Platz, wo ich hingehöre. Im Himmel würde ich ein Außenseiter sein, würde ich mich fehl am Platz fühlen. Wo immer meine Natur mich hinführt, das ist der Platz, der mir ein Gefühl von Freude schenkt, ein Gefühl, dass das Leben bedeutsam ist und einen Glanz hat, dass es ein Wunder ist, einfach nur ein- und auszuatmen, dass es nichts Vollkommeneres gibt, als auf dem Gipfelpunkt deiner eigenen Natur anzukommen.

Vermeide Berater, denn sie sind immer bereit, dir Ratschläge zu geben, ob du sie darum bittest oder nicht. Die Leute lieben es, Ratschläge zu erteilen, es bereitet ihnen Freude. Die Leute möchten eine Kopie von sich erschaffen, sie sind glücklich, dass sie selbst das Original sind und alle anderen nur eine Kopie. Du hast deine eigene Originalität. Es ist gut, das nie zu vergessen. Mach niemals etwas, dass deinen eigenen inneren Gefühlen zuwider läuft.

Nur sehr wenige Menschen sind erblüht, und der Grund dafür ist, dass sich nur wenige Menschen wirklich gegen die so genannten Ratgeber aufgelehnt haben. Sehr wenige haben es gewagt, ihren eigenen Weg zu suchen und nicht der Autobahn zu folgen, die jeder nimmt. Aber diese wenigen haben der Menschheit geholfen, ihrer ganzen Evolution, ihrer gesamten Intelligenz. Wenn sie nicht wären, fiele der Mensch dahin zurück, wo er laut Darwin begonnen hat, ein menschliches Wesen zu werden. Die Menge muss schon damals gelacht haben. Als ein Affe vom Baum sprang und auf zwei Beinen auf dem Boden stand, muss die ganze Affenschar gelacht und gekichert haben: „Schaut euch diesen Typ an! Schaut euch diesen Narren an, der sich von der Tradition abwendet, von unseren Ahnen, von unserer Religion und unserer Rasse." Sie müssen diesen Affen verdammt haben, der gegen die ganze Affenkultur und -zivilisation rebelliert hat, sie müssen gesagt haben: „Du bist tief gefallen." Natürlich, er ist aus den Bäumen gefallen. Und mit der Zeit muss er schwächer geworden sein. Klar, Affen sind viel stärker als du, denn sie trainieren ständig und springen von einem Baum zum anderen. Du musst heute etwas anderes machen, du kannst nicht mehr so springen. Dazu bist du nicht mehr in der Lage, dein Körper hat sich völlig verändert.

Aber der erste Affe, der vom Baum auf die Erde kam, muss ein Genie gewesen sein. Er muss den Wunsch gehabt haben, das Leben lieber allein, ohne die Menge und den Mob zu erkunden. Andere Affen hängen immer noch in den Bäumen – sie sind an die Tradition gebunden. Sie glauben an ihre Vorfahren, sie glauben an ihre goldene Vergangenheit und wollen sich nicht verändern. Um sich zu verändern braucht man Mut, und man muss allein sein und seinen eigenen Weg erschaffen.

Erschaffe deinen Weg, indem du ihn gehst. Suche keinen vorgefertigten Weg. Der hat vielleicht jemand anderem genützt, aber er wurde nicht für dich gemacht. Wenn du dich und deine eigene Würde respektierst, dann brauchst du niemanden, der dir etwas beibringt, der dir hilft. Du bist als vollständiges Wesen geboren, mit allem Potential. Du brauchst nur an deinem Potential zu arbeiten, dann wirst du das Ziel finden.

Was du selbst findest, macht dich glücklich

Als ich ein kleiner Junge war, kam ich oft vom Fluss und alle meine Taschen ... Ich hatte immer viele Taschen, ich bestand darauf. Mein Vater sagte: „Es sieht lächerlich aus, und die Leute stellen mir dauernd Fragen ... ständig machst du Ärger und ohne jeden Grund. Warum musst du so viele Taschen haben, vier vorne und zwei an der Seite?"

Ich sagte: „Ich brauche sie. Ich brauche eben andere Dinge als du. Ich verlange ja auch nicht von dir, dass du viele Taschen hast, oder nicht hast; das ist deine Angelegenheit."

Ich brauchte Taschen, denn wenn ich zum Fluss ging, fand ich immer solche Schätze – so viele herrliche Steine in allen Farben, dass ich stundenlang am Ufer entlang gehen und sie sammeln konnte. Und dann kam ich mit vollen Taschen nach Hause, es war fast das Doppelte meines Gewichts.

Mein Vater sah mich immer ins Haus kommen und sagte: „Dazu sind also diese Taschen da? Bist du verrückt? Wozu schleppst du immer diese Steine an? Wir müssen sie bloß jeden Tag wieder wegwerfen."

Ich sagte: „Du verstehst das nicht. Du kannst sie wegwerfen, aber wenn du nur ein bisschen Ahnung hast ... ich bin so überglücklich, so voller Freude, wenn ich diese Steine sehe. Ich habe kein Interesse an deinem Geld oder an sonst was – ich möchte nur die Steine sammeln." Aber die Freude bestand darin, sie zu entdecken, den ganzen Fluss abzusuchen, nur um einen einzigen schönen Stein zu finden.

Eines Tages war es mein Vater so leid, dass er vier Arbeiter holte und sie anwies: „Geht zum Fluss und bringt so viele Steine wie möglich, denn er verschwendet jeden Tag Stunden." Also brachten sie eimerweise Steine. Sie wussten genau, wohin sie gehen mussten – ich hatte keine Ahnung, dass es einen Steinbruch gab. Sie kippten die Steine in mein kleines Zimmer, wo ich meine eigene Welt hatte und das niemand betreten durfte.

Mein Vater sagte: „Die kannst du alle behalten. Jetzt brauchst du nicht mehr losgehen, mehr kannst du nicht finden. Wir haben Steine in allen Farben und allen Formen für dich gesammelt ... du verschwendest so viel Zeit damit."

Ich sagte: „Du hast meine Freude zerstört. Es waren nicht die Steine – dass ich sie gefunden habe, das war es! Sieh dir das an, ein Berg von Steinen und ich empfinde keine Freude. Lass sie wegbringen. Du hast etwas zerstört."

Er sagte: „Aber ich dachte, du liebst Steine!"

Ich antworte: „Nein, es geht nicht um die Steine, es geht um das Finden."

Die Steine waren nur ein Vorwand. Manchmal findest du Steine, manchmal findest du Schmetterlinge, manchmal findest du Blumen und manchmal findest du die Wahrheit – aber denk daran, das Schöne ist immer das Finden, nicht, was du findest. Das ist nur ein Vorwand.

Sei einfach du selbst

Erleuchtung ist die wahre Natur der Dinge. Aber so ist das nie gesagt worden, im Gegenteil. Man hat das Denken der Menschen verdorben, indem man ihnen ein Ziel gab, das gegen die Natur geht. Und man hat es mit so schönen Begriffen wie „übernatürlich" versehen. Die Menschen haben sich darin verrannt, aus einem einfachen Grund: Die Natur der Dinge ist das, was du schon bist. Aber das ist nicht weiter aufregend und es stellt auch keine Herausforderung dar und verlangt nicht von dir, dein Ego zu beweisen. Es ist kein unerreichbar ferner Stern. Der Verstand braucht als Nahrung immer ganz schwierige, fast unmögliche Dinge. Nur wenn du das Unmögliche erreichst, kannst du dich als etwas Besonderes fühlen.

Erleuchtung ist keine besondere Begabung und kein Talent. Es ist nicht so, wie wenn jemand ein geborener Maler oder Dichter oder Wissenschaftler ist – das sind Begabungen. Erleuchtung ist die Lebensquelle jedes Menschen. Man muss nicht einmal sein Haus verlassen, um danach zu suchen. Wenn du dein Haus verlässt, um danach zu suchen, verpasst du es, und wer weiß, ob du je wieder nach Hause zurückfindest. Erleuchtung ist nichts anderes als die Erkenntnis der Tatsache: Ich bin schon das, was ich immer sein wollte. Ich war nie etwas anderes und kann auch nie etwas anderes sein. Es liegt in der Natur deines Wesens, dass du nicht darüber hinausgelangen kannst. So sehr du dich auch anstrengst und dir Leiden, Sorgen und Angst kreierst – du kannst nicht darüber hinausgelangen. Du bist du. Wie könntest du je über dich selbst hinausgelangen?

Dein Sein ist deine eigentliche Lebensquelle, deine wahre Existenz. Wo immer du hingehst, nimmst du dein Sein mit.

Es gibt Berichte über Leute, die bei der ersten Erfahrung ihres Selbst in tiefes Lachen ausbrachen. Weil sie die Absurdität dessen erkannten, was sie immer versucht hatten. Sie hatten immer versucht, sie selbst zu sein! Das ist das einzig Unmögliche auf der Welt, denn du bist es ja schon. Wie kannst du versuchen, es zu sein?

Doch die Priester, die so genannten religiösen Führer und alle, die euch versklaven wollen, haben euch immer Ideale gegeben. Sie haben euch gesagt: „Wenn ihr euch nicht in einer bestimmten Art und Weise benehmt, seid ihr schlecht." Wenn ihr nicht die Dinge tut, die sie euch vorschreiben, seid ihr nicht gut. Niemand hat diese Leute je gefragt: „Wer verleiht euch die Autorität, für andere zu entscheiden? Wenn ihr etwas für gut haltet, dann tut es selbst. Aber ihr habt kein Recht, irgendjemandem zu befehlen, euch zu folgen."

Die großen Verderber, die großen Vergifter sind diejenigen, die eine Gefolgschaft geschaffen haben. Jemandem zu folgen bedeutet nichts anderes, als auf absurde Weise gegen sich selbst zu sein.

Man verlangt von dir, dass du jemand anderes sein sollst, der du nie sein kannst. So ist in dieser Welt unermessliches Leid entstanden. Nur wenn wir die Wurzeln erkennen, kann dieses Leid verschwinden. Wir können weiter unser technisches Spielzeug, unsere technischen Errungenschaften ausbauen, aber dieses Leid wird bestehen bleiben. Und nicht nur die Armen leben im Unglück; nach meiner Erfahrung sind die Armen weniger unglücklich als die Reichen.

Der Arme hat zumindest Hoffnung. Der Reiche lebt hoffnungslos – er weiß, er hat alles getan, was er tun konnte, doch sein Leben ist genauso leer wie vorher, vielleicht noch leerer. Der Tod kommt immer näher, das Leben wird mit jedem Augenblick kürzer, und er hat es damit vergeudet, Geld, Macht, Prestige anzuhäufen. Oder er hat sein Leben damit vergeudet, ein Heiliger zu sein, der zu Göttern betet, die der Mensch erfunden hat. Das alles hat man getan, um zu verhindern, dass du einfach nur du selbst bist.

Ich lehre euch eine ganz einfache Moral, und die lautet: „Geht niemals gegen eure Natur." Selbst wenn sämtliche Buddhas aller Zeiten dagegen sein sollten, schenkt ihnen keine Aufmerksamkeit. Was haben sie mit euch zu tun? Sie haben getan, was ihnen richtig erschien. Und was ist richtig? Das kann man nicht durch Schriften festlegen. Man kann es nicht an einem äußeren Kriterium festmachen. Es gibt nur ein inneres Kriterium: Was dich glücklich macht, ist gut. Was dich glücklich macht, ist die einzige Moral. Was dich unglücklich macht, ist die einzige Sünde. Was dich von dir selbst abbringt, ist das Einzige, was du vermeiden musst. Hab einfach Freude an dir selbst – dann bist du erleuchtet. Du warst schon immer erleuchtet. Es gibt keine Möglichkeit, unerleuchtet zu sein. Ich habe es auf so viele verschiedene Arten versucht, aber ich muss gestehen, ich bin gescheitert. Ich konnte nicht unerleuchtet werden. Wo immer ich war, was immer ich tat, war ich überrascht: Ob ich nach Norden gehe oder nach Süden – ich bin und bleibe erleuchtet!

In Japan gibt es eine Puppe ... Die Leute dort stellen die schönsten Puppen her. Es ist keine gewöhnliche Puppe. In Japan nennt man sie „Daruma", das ist die japanische Verfälschung des Namens Bodhidharma. Die Puppe ist so gemacht, dass sie Bodhidharmas Erkenntnis darstellt. Sie ist ganz schwer in den Beinen und oben am Kopf sehr leicht. Man kann sie hinwerfen, wie man will – sie geht immer in die Lotusposition. Man kann ihr nichts anhaben.

Die Leute haben das vielleicht vergessen und sie ist einfach zu einem Kinderspielzeug geworden, aber die Puppe macht deutlich, was ich sage und was auch Bodhidharma sagte: Es gibt keine Möglichkeit, unerleuchtet zu sein. Wer hat dich auf den Gedanken gebracht, du müsstest erleuchtet werden?

In einem Mädcheninternat hält Fräulein Primel, eine alte Jungfer, eine Einführungsrede: „Also, Mädchen, wenn ihr ausgeht, denkt bitte immer daran: Kein Rauchen auf der Straße, kein unziemliches Benehmen in der Öffentlichkeit. Und wenn euch die Männer belästigen, dann fragt euch: Lohnt sich ein ganzes Leben der Ehrlosigkeit für eine einzige Stunde Vergnügen? Also, Kinder, habt ihr noch Fragen?" Da ertönt eine Stimme aus der letzten Reihe: „Wie macht man es, dass es eine Stunde dauert?"

Rundherum gibt es Leute, die euch verrückt machen können. Ansonsten ist alles perfekt – genauso, wie es sein sollte. Dies ist die perfekteste aller Welten. Es fehlt gar nichts. Aber ein paar Wirrköpfe geben nicht eher Ruhe, als bis sie ein paar andere dazu bringen, hinter Schatten herzujagen, die sie nie erreichen können. Und je mehr man spürt, dass man es nicht erreichen kann, umso stärker wird das Gefühl der Sinnlosigkeit, umso stärker wird das Gefühl der völligen Leere. Eine Traurigkeit macht sich breit, die mit der Zeit immer schwerer wird.

Akzeptiere nie eine Regel, die dich unglücklich macht.

Akzeptiere nie eine Moral, die dir Schuldgefühle macht. Akzeptiere nie, wenn dir etwas aufgezwungen wird, das gegen deine Natur geht. Sei einfach du selbst, dann bist du perfekt. Sobald du dich von dir selbst wegbewegst, gerätst du in Schwierigkeiten. Und jeder ist in Schwierigkeiten.

Meine eigene Erfahrung aus der Begegnung mit Tausenden von Menschen ist, dass ich noch nie jemanden gesehen habe, der absolut unglücklich gewesen wäre. Im Gegenteil, ich habe erlebt, dass die Leute ihr Unglück genießen und dass sie es sogar übertreiben. Großes Mitgefühl entsteht, wenn man Menschen sieht, die zu schönen Blumen hätten aufblühen können, aber verkümmert sind. Sie haben ihren Weg nach Hause verloren, und jeder versucht, ihnen zu helfen: „Werde wie Buddha, werde wie Jesus, werde wie Moses!" Aber keiner sagt jemals: „Sei einfach du selbst."

Was hast du mit Moses zu schaffen oder mit Jesus Christus? Aber die Menschen verehren sie und beten zu ihnen und hoffen, eines Tages dem Ideal ihrer Vorstellungen zu entsprechen. Natürlich scheitern sie immer.

Du bist und bleibst eine Rose. Lass die ganze Welt dich loben oder verdammen – das spielt keine Rolle.

Wenn ein Mensch beschließt: „Ich werde mich selbst behaupten", hat das nichts mit Ego zu tun. Er schützt sich einfach gegen diese kriminelle Welt, die seit Jahrtausenden verdorben ist. Du hast jedes Recht, dich selbst zu schützen, um nicht vergiftet zu werden. Du brauchst keinen Gott, keine Religion, keinen Moralkodex, keine bestimmte Methode oder Anstrengung, um erleuchtet zu werden. Einfach natürlich zu sein ist mehr, als du dir je vorstellen kannst. Die ganze Existenz ist erleuchtet, außer dem Menschen. Kein einziges Wesen versucht, etwas anderes zu sein, als es ist. Alle sind im Einklang mit dem Universum. Vielleicht ist eure ganze Suche nach Erleuchtung nichts als eine raffinierte Strategie, die Erleuchtung aufzuschieben. Und sogar von Aufschieben zu reden ist nicht richtig. Ihr seid schon erleuchtet, aber ihr versucht, so zu tun, als wärt ihr es nicht. All euere Bemühungen sind nichts als ein Mittel, das euch daran hindert, eure Erleuchtung zu erkennen.

Sei also einfach natürlich, damit du im Einklang mit der Existenz bist. Damit du im Regen, in der Sonne und mit den Bäumen tanzen kannst, damit du selbst mit den Felsen, den Bergen und den Sternen in Kommunion sein kannst. Darüber hinaus gibt es keine Erleuchtung.

Lass es mich definieren: Erleuchtung heißt, im Einklang mit der Existenz zu sein. Im Widerspruch zur Natur zu leben bedeutet nur Unglück – Unglück, das du dir selbst schaffst. Kein anderer ist dafür verantwortlich.

Der Mensch erscheint wie ein Tautropfen,
aber lass dich von der Erscheinung
nicht täuschen –
der Mensch enthält Ozeane in sich.
Die Grenzen des Menschen existieren nicht.
Sie sind eine Einbildung,
denn wir fangen nirgends an und hören nirgends auf.
Alles durchdringt sich gegenseitig;
alles ist miteinander verbunden.
Die Vorstellung von Trennung ist eine Illusion.

10. Ankommen –
der Tautropfen und der Ozean

DER OZEAN IST EINE SEHR BEDEUTSAME METAPHER – EINE METAPHER für Weite, für Unendlichkeit. Und das sind unsere innersten Eigenschaften. Wir sind weit, unendlich, wir sind ozeanisch, aber wir sind in den Körper und in den Verstand eingeschlossen, und wir haben unsere Weite völlig vergessen. Wir haben uns so mit diesem kleinen Selbst identifiziert, mit dieser Körper-Geist-Struktur, dass wir meinen, das sind wir. Das ist die eigentliche Ursache unseres Unglücks. Und wir können nicht eher glücklich sein, als bis diese Identität gebrochen ist.

Du musst dir bewusst sein, dass du nicht der Körper bist. Du bist im Körper aber nicht der Körper, im Verstand aber nicht der Verstand. Der Körper und der Verstand sind nur eine Karavanserai, eine Rast für eine Nacht. Am nächsten Morgen geht die Reise weiter. Wir sind in vielen Körpern und ihn vielen Arten von Verstand gewesen. Dies ist nicht die erste Karavanserai, in der du Rast machst. Es ist eine lange, lange Reise.

Denke immer daran, dass du unbegrenzt bist, dass es keine Grenzen gibt, dass der Körper nicht das Ende ist, dass der Körper mit dem ganzen Universum verbunden ist; er existiert nicht getrennt davon. Du atmest nicht nur durch die Nase; du atmest durch jede Pore deines Körpers. Der Körper ist durch jede einzelne Pore mit der Existenz verbunden, er atmet von überall her. Wir sind ständig mit allem verbunden. Die Wolken bewegen sich am Himmel und auch in deinem Verstand verändert sich etwas. Die Sonne geht morgens auf und der Schlaf ist verschwunden. Der Vollmond scheint und du bist wie verzaubert. Der Kuckuck ruft und dein Herz antwortet. Jemand lacht und du fängst an zu lachen; jemand stirbt und auch in dir stirbt etwas. Wir befinden uns ständig im Austausch. Glaube also nicht einen Moment lang, dass du getrennt bist.

Getrennt zu sein bedeutet Leiden. Deshalb haben wir ständig Sehnsucht danach, geliebt zu werden und zu lieben. Diese Sehnsucht entsteht, weil wir uns getrennt fühlen. Wenigstens mit irgendjemand wollen wir uns eins fühlen. Wenn nicht mit dem Ganzen, dann eben mit einer Frau, mit einem Mann, einem Kind, einem Freund, einem Baum ... wenigstens irgendwo möchten wir eins sein. Irgendwo möchten wir die Trennung fallenlassen und nicht mehr daran gebunden sein. Und immer wenn die Trennung aufgehoben ist zwischen einem Mann und einer Frau, dann ist Freude da, oder zwischen einem Mann und seinem Garten, dann ist Freude da ... oder zwischen einem Mann und seiner Maschine, seinem Auto, dann ist Freude da. Wenn wir diese Trennung vollständig fallenlassen können, erwartet uns unendliche Freude. Dann besteht die ganze Existenz aus dem Stoff, der Glückseligkeit heißt.

Und Seligkeit ist formlos. Glück hat eine Form, es ist begrenzt. Auch Traurigkeit hat eine Form, sie ist begrenzt. Aber Seligkeit hat keine Form, sie ist unbegrenzt, sie hat keine Grenzen – sie ist unendlich. Glück gehört dem Verstand an, genauso wie Traurigkeit. Seligkeit gehört nicht dem Verstand an, sie gehört dem Transzendenten an. Je tiefer du gehst, desto mehr triffst du auf das Formlose. Was du vom Verstand aus betrachtest, hat eine Form. Was du mit dem Körper berührst, hat es eine Form. Es ist ungefähr so als stündest du am Fenster und würdest den Himmel anschauen. Dann hat der Himmel den gleichen Rahmen wie das Fenster. Der Himmel ist rahmenlos, doch das Fenster gibt ihm einen Rahmen. Einige moderne Maler haben mit rahmenlosen Bildern experimentiert – ein gutes Experiment, denn ein Gemälde in einen Rahmen zu stecken, ist nicht richtig. Es ist von Natur aus rahmenlos; es geht nach allen Seiten weiter und durch das Einrahmen zerstörst du es, verfälschst du es.

Wahrheit hat keinen Rahmen und auch Schönheit nicht, auch Seligkeit nicht. Und nur das Formlose kann dich befriedigen, weil du selbst formlos bist. Das ist der Grund, warum du mit dem gewöhnlichen Leben nie ganz zufrieden bist. Bei allem, was wir bekommen, bleibt immer eine gewisse Unzufriedenheit bestehen, eine gewisse Frustration folgt dir wie ein Schatten. Selbst in den schönsten Augenblicken des Glücks wirst du einen gewissen Schatten der Frustration spüren. Es fehlt etwas. Du kannst vielleicht nicht mit dem Finger darauf zeigen, es nicht festnageln, aber du weißt, dass nicht alles in Ordnung ist.

Selbst in den schönsten Momenten der Liebe fehlt etwas. Deshalb streiten Liebende dauernd miteinander. Sie glauben, der andere täusche sie – er gebe nicht so viel, wie er geben könnte. Niemand täuscht den anderen, aber das Körperliche hat einfach seine Grenzen – es ist eingerahmt. Der Verstand ist ein wenig ausgedehnter, aber immer noch in einem Rahmen. Dein innerster Kern jedoch ist formlos, und das Formlose kann nur mit etwas Formlosem zufrieden sein. Wie kannst du das Formlose mit einer Form zufrieden stellen? Formen sind zu klein. Unser Hunger verlangt nach dem Formlosen und du willst ihn mit der Form befriedigen. Daher bleibt etwas unerfüllt.

Denke daran: Man muss das Undefinierte suchen. Selbst wenn du den Körper eines Menschen liebevoll berührst – wenn die Berührung beim Körper endet, geht sie nicht sehr tief. Lass den Körper ein Medium des Formlosen sein. Dann ist auch der Körper schön.

Wenn du etwas sagst, dann sag es nicht nur vom Verstand her; stell den Verstand in den Dienst des Nicht-Verstandes. Wenn Worte im Dienste der Stille stehen, sind sie golden. Dann haben sie etwas Großartiges ... sie strömen Leben aus; sie werden zu Poesie. Gewöhnliche Worte, die aus die aus der inneren Stille kommen, sind poetisch, transparent. Du kannst durch sie hindurch sehen und wirst in ihnen das Formlose finden – lebendig und präsent.

Gebrauche also den Körper, aber vergiss nicht das Körperlose. Gebrauche den Verstand, aber vergiss nicht den Nicht-Verstand. Erinnere dich bei allem an das Formlose, an das, was jenseits der Form ist. Gebrauche alles – ich bin gegen gar nichts – aber vergiss nie das Formlose.

Schau den Himmel an, beobachte den Fluss, das Meer ... das natürliche Blau. Wo immer du natürliches Blau findest, schau es an. Meditiere darüber, stimme dich darauf ein, lass es von dir Besitz ergreifen, dich überwältigen und nach und nach wirst du merken, dass etwas in dir ausgelöst wird.

Carl Gustav Jung stieß zufällig auf eine alte Wahrheit. Er hat ein neues Wort dafür geprägt: Synchronizität. Es ist ein nicht kausales Prinzip, es ist sehr bedeutungsvoll. Wenn du über die Farbe Blau meditierst, entsteht auch in dir etwas von diesem Blau. Es wurde nicht durch das äußere Blau verursacht, sondern nur wachgerufen. Es geschieht parallel dazu, es wird nicht erzeugt. Es gibt keine Beziehung von Ursache und Wirkung. Die Schwingung des äußeren Blau erweckt lediglich dein inneres Potential von Blau. Das Äußere wirkt wie ein Katalysator und plötzlich bewegst du dich in den inneren Himmel hinein, er hat von dir Besitz ergriffen. Meditiere über den Himmel – zuerst mit offenen Augen, und wenn du eine Synchronizität spürst, dann schließe langsam deine Augen und lass das Blau in dir aufsteigen. Bald wirst du merken, dass du den Himmel auch im Innern sehen kannst und dass jener Himmel auch diesen enthält.

Ziehe keinen Zaun um dich herum

Alles, was wir sehen, ist begrenzt; alles, was wir fühlen, ist begrenzt, jede einzelne Wahrnehmung ist begrenzt. Aber wenn du bewusst wirst, siehst du, wie sich jede begrenzte Sache im Unbegrenzten auflöst. Schau den Himmel an. Du wirst nur einen begrenzten Teil davon sehen; nicht, weil der Himmel begrenzt wäre, sondern weil deine Augen begrenzt sind, dein Blickfeld begrenzt ist. Wenn du verstehen kannst, dass diese Begrenzung an deinem Standpunkt, an deinen Augen liegt, dass nicht etwa der Himmel begrenzt ist, dann wirst du sehen, wie die Grenzen im Grenzenlosen aufgehen. Was wir auch sehen, es wird begrenzt sein durch unser Sehen. Ansonsten ist die Existenz unbegrenzt, ansonsten verschmilzt alles miteinander.

Alles verliert ständig seine Grenzen, jeden Augenblick lösen die Wellen sich im Ozean auf. Und nichts hat einen Anfang, nichts hat ein Ende. Alles ist zugleich alles andere. Jegliche Begrenzung geht von uns aus. Wir begrenzen es, weil wir das Grenzenlose nicht erkennen können. Wir machen es in allem so: Du ziehst einen Zaun um dein Haus und sagst dann: „Dieses Land gehört mir und das Land jenseits vom Zaun gehört jemand anderem." Aber im Grunde sind dein Land und das Land deines Nachbarn ein und dasselbe. Den Zaun hast du um deinetwillen gesetzt. Nicht das Land ist geteilt, du und dein Nachbar, ihr seid geteilt, weil ihr so denkt. Nationen sind geteilt, weil euer Verstand es so will. Irgendwo hört Indien auf und fängt Pakistan an. Aber es ist noch nicht lange her, da hieß das, was jetzt Pakistan heißt, noch Indien. Damals erstreckte sich Indien bis zu den nördlichen Grenzen von Pakistan, den heutigen Grenzen. Aber jetzt ist Pakistan abgetrennt, ist eine Grenze dazwischen. Doch das Land bleibt ein und dasselbe.

Ich habe eine Geschichte gehört, die sich abspielte, als Indien und Pakistan geteilt wurden.

Genau auf der Linie zwischen Indien und Pakistan stand damals ein Irrenhaus, eine psychiatrische Anstalt. Den Politikern war es egal, an wen diese Anstalt gehen würde, an Pakistan oder an Indien; nur dem Anstaltsdirektor war es nicht egal. Also ging er hin und fragte, wo denn nun seine Anstalt stehen werde, in Indien oder in Pakistan.

Jemand in Delhi informierte ihn, er möge doch die Insassen, die Irren fragen und sie abstimmen lassen, wohin sie gehören wollten. Der Direktor war der einzige normale Mensch dort und versuchte, ihnen die Sache zu erklären. Er rief alle Insassen zusammen und erklärte ihnen: „Ihr könnt euch jetzt entscheiden, wohin ihr gehören wollt. Wenn ihr zu Indien gehören wollt, könnt ihr an Indien gehen. Wenn ihr lieber zu Pakistan gehören wollt, könnt ihr an Pakistan gehen."

Aber die Irren sagten: „Wir wollen hier bleiben. Wir wollen gar nicht gehen."

Er gab sich alle erdenkliche Mühe. Er versuchte zu erklären: „Ihr bleibt ja hier, macht euch keine Gedanken. Ihr bleibt hier, aber an wen wollt ihr gehen?"

Da sagten die Verrückten: „Die Leute sagen, wir wären verrückt. Aber Sie klingen viel verrückter! Sie sagen, wir würden hier bleiben, was soll denn dann die blöde Frage, wohin wir gehen wollen?"

Der Direktor war ratlos, wie er ihnen die ganze Sache erklären sollte. Er sah nur einen Ausweg. Er ließ eine Mauer ziehen und teilte die Anstalt in zwei gleiche Teile. Der eine Teil gehörte zu Indien, der andere Teil zu Pakistan.

Und wie es heißt, sollen manchmal die Irren der pakistanischen Seite über die Mauer klettern, genau wie die Irren der indischen Seite ab und zu über die Mauer springen, und bis heute haben sie noch nicht begriffen, was da eigentlich passiert ist. „Wir sind nach wie vor hier, am selben Ort, aber ihr gehört jetzt zu Pakistan und wir gehören zu Indien. Dabei hat kein Mensch sich vom Fleck gerührt."

Wie sollen diese armen Irren das auch begreifen? Sie werden es nie begreifen können – denn in Delhi und in Karatschi sitzen größere Irre. Wir müssen immer alles unterteilen. Das Leben, die Existenz ist nicht geteilt. Alle Demarkationslinien sind von Menschen gemacht. Sie sind nützlich, solange man sie nicht zu ernst nimmt und nicht vergisst, dass sie künstlich sind, von Menschen gemacht. Sie sind nützlich, aber nicht echt, nicht wahr.

Überall, wo ihr Grenzlinien seht, denkt daran, dass dahinter die Grenze verschwindet, dass die Grenze sich auflöst. Schaut immer über sie hinweg, weiter und weiter.

Daraus kannst du eine Meditation machen. Setz dich unter einen Baum und schau, und was immer in dein Blickfeld gerät, gehe darüber hinaus, schau jenseits davon, und bleib nirgends stehen. Schau nach, wo dieser Baum aufhört. Dieser kleine Baum in deinem Garten verkörpert die gesamte Existenz. Er verschmilzt jeden Augenblick mit ihr. Wenn die Sonne morgen früh nicht mehr aufgeht, stirbt der Baum, denn das Leben des Baumes hängt vom Leben der Sonne ab. Die Entfernung zwischen beiden ist sehr groß; die Sonnenstrahlen brauchen Zeit, bis sie die Erde erreichen – zehn Minuten Zeit.

Zehn Minuten, das ist sehr lange, denn Licht bewegt sich mit enormer Geschwindigkeit. Licht legt in einer Sekunde einhundertachtzigtausend Meilen zurück, und um von der Sonne bis zu diesem Baum zu gelangen, braucht das Licht zehn Minuten. Eine schier unvorstellbare Entfernung. Aber wenn die Sonne nicht mehr da ist, wird der Baum verschwinden. Sie existieren zusammen. Jeden Augenblick verschmilzt der Baum mit der Sonne und verschmilzt die Sonne mit dem Baum. Jeden Augenblick durchdringt die Sonne den Baum und macht ihn lebendig. Und die Religion kennt noch etwas, das der Naturwissenschaft bisher verborgen geblieben ist, denn im Leben bleibt nichts ohne eine Erwiderung. Wenn die Sonne dem Baum das Leben schenkt, muss der Baum auch der Sonne wieder Leben schenken. Denn im Leben gibt es auf alles eine Reaktion, gleicht Energie sich immer aus. Der Baum muss auch der Sonne Leben geben. Sie sind eins. Damit ist die Grenze des Baumes verschwunden.

Überall, wo du hinschaust: Schau nach, was jenseits davon liegt, und mach nirgends halt. Geh immer weiter und weiter, bis du all deine begrenzten Denkmuster verlierst.

Plötzlich begreifst du: Die ganze Existenz ist eins. Um dieses Einssein geht es.

Bildnachweis:

Christian Müller-Menckens, Seiten: 24-25, 42-43, 58-59, 63, 97
Pratito Inge Kieffer, Seiten: 75, 108-109, 117, 159
Jivana Werner, Seiten: 129, 145, 165

Über den Autor

OSHOS LEHREN WIDERSTEHEN jeglicher Kategorisierung, sie reichen von der persönlichen Sinnsuche bis hin zu den dringendsten sozialen und politischen Fragen, mit denen die Welt heute konfrontiert ist. Seine Bücher wurden aus zahllosen Tonband- und Videoaufnahmen transkribiert. Er hat über einen Zeitraum von 35 Jahren vor einer internationalen Zuhörerschaft stets aus dem Stegreif gesprochen. Der Londoner Sunday Times zufolge zählt Osho zu den „1000 Machern des 20. Jahrhunderts"; der amerikanische Romanautor Tom Robbins hat ihn einmal „den gefährlichsten Mann seit Jesus Christus" genannt.

Osho selbst beschreibt sein Werk als „Beitrag, die Voraussetzungen für die Entstehung einer neuen menschlichen Lebensweise zu schaffen". Diesen neuen Menschentypus hat er immer wieder als „Sorbas der Buddha" umschrieben – also einen Menschen, der nicht nur wie Sorbas der Grieche die irdischen Freuden zu schätzen weiß, sondern ebenso sehr die stille Heiterkeit eines Gautam Buddha. Wie ein roter Faden zieht sich durch alle Aspekte von Oshos Arbeit die Vision einer Verschmelzung der zeitlosen Weisheit des Ostens mit den höchsten Potenzialen westlicher Wissenschaft und Technik.

Vor allem seine revolutionären Ansätze zur Wissenschaft der inneren Transformation haben Osho berühmt gemacht. Denn seine Auffassung von Meditation wird dem rasanten Tempo einer modernen Lebensweise gerecht. Seine innovativen „aktiven Meditationen" basieren auf dem Gedanken, dass erst der in Körper und Geist angesammelte Stress abgebaut werden muss, um, frei von Gedanken und entspannt, einen meditativen Zustand zu erfahren.

www.osho.com

Das Osho International Meditation Resort

DAS RESSORT IST EIN PLATZ, an dem Menschen eine neue Lebensweise erfahren können – geprägt von mehr Bewusstheit, Entspannung und Lebensfreude. Etwa 100 km südöstlich von Mumbai im indischen Pune gelegen, hat dieser Platz ein reichhaltiges Programm zu bieten; Tausende von Menschen aus mehr als hundert Ländern weltweit besuchen ihn Jahr für Jahr.

Das Meditationgelände erstreckt sich über ca. 15 Hektar inmitten eines von prächtigen alten Baumalleen gesäumten Villenviertels namens Koregaon Park und bietet Unterkunftsmöglichkeiten auf dem Campus im neu erbauten Gästehaus. Außerdem gibt es ein breites Angebot an nahegelegenen Hotels und privaten Unterkünften.

Das Programm des Ressorts gründet auf Oshos Vision einer qualitativ neuen Art von Mensch, der nicht nur sein Alltagsleben schöpferisch zu gestalten vermag, sondern auch Zugang zu entspannter Stille und Meditation findet.

Angeboten werden u. a. Einzelsitzungen, Kurse und Trainings zu allen möglichen Themen – von den bildenden Künsten bis hin zu ganzheitlichen Heilmethoden, von persönlicher Transformation bis hin zu Therapie, esoterischer Wissenschaft, Sport- und Fitnessprogrammen mit Zen-Akzent, Beziehungsthemen und Angebote für Menschen, die in grundlegenden Veränderungsphasen ihres Lebens sind.

Und natürlich gibt es ganzjährlich die täglich stattfindenden Meditationen im Ressort.

www.osho.com/ resort

Klassiker von Osho

DAS ZEN-PRINZIP
Der Weg des Paradoxes
ISBN 978-3-936360-96-7
Zen mischt sich nicht in irgendwelche menschlichen Vorstellungen ein. Es bevorzugt nichts. Es fügt nichts hinzu, es lässt nichts weg. Deswegen ist Zen paradox – weil das Leben paradox ist.

TAO - DAS HERZ DER FREIHEIT
ISBN 978-3-936360-46-2
In seinen Kommentaren zu fünf Gleichnissen aus „Das Buch Lieh-tse" stellt Osho die uralte Weisheit des Tao in das Licht seiner zeitgemäßen Deutung.

DER SUFI-WEG
ISBN 978-3-936360-48-6
Osho spricht hier über das sprichwörtliche „Stirb und werde" der mystischen Erfahrung, das bei den Sufis eine zentrale Rolle spielt. Was es damit auf sich hat, erläutert er anhand von Sufi-Geschichten.

www.innenwelt-verlag.de

INTELLIGENZ DES HERZENS
ISBN 978-3-936360-47-9
Komplett überarbeitete Neuauflage

Fragen über Gott und die Welt, von Journalisten und Hausfrauen, Übeltätern und Heiligen, Bildungsbürgern und zornigen jungen Männern.

LEBEN, LIEBEN, LACHEN
Ein Lesebuch zum Thema Lebensfreude
ISBN 978-3-936360-83-7
LEBEN: „Sei ein Trunkenbold, betrunken vom Leben, vom Wein der Existenz."
LIEBEN: „Ein liebender Mensch liebt ganz einfach, genauso wie er trinkt, isst und schläft."
LACHEN: „Der Sinn für Humor erstreckt sich auf dein ganzes Wesen, vom Körper über den Verstand bis zur Seele."

www.innenwelt-verlag.de

DAS ORANGENE BUCH
Die Meditationstechniken Oshos
ISBN 978-3-936360-70-7
Das Orangene Buch ist der Bestseller
unter den Meditationsbüchern.
Über neunzig Meditationen werden
hier vorgestellt. Die oft unorthodoxen
Techniken sind einzigartig in ihrer
Originalität und Frische.

Der Traum von Mann und Frau
Über die Auflösung der Dualität
ISBN 978-3-936360-79-0
Schon lange bevor C. G. Jung von Anima und
Animus sprach, gab es in China eine uralte
taoistische Schrift, die nicht nur die Existenz
von Anima und Animus beschrieb, sondern
auch zeigte, wie wir in Harmonie mit der
männlichen und der weiblichen Seite kommen können.

ESSEN & ÄSTHETIK
Über Ernährung und bewusstes Leben
ISBN 978-3-936360-63-9
Osho gibt hier keine Kochrezepte zum
Besten, sondern Grundsätzliches zum
Thema Essen und Bewusstheit. Wie ernährt
man sich „richtig", und hat die Ernährung
Einfluss auf das spirituelle Wachstum?

www.innenwelt-verlag.de